AF245768

L'AVENIR SOCIAL

RÉPUBLIQUE & RELIGION

UNIVERSELLES

Par BOBÉE

Prix : 1 fr. 50

PARIS

LIBRAIRIE INTERNATIONALE

A. LACROIX, VERBOECKHOVEN ET Cie, ÉDITEURS

15, boulevard Montmartre, et faubourg Montmartre, 13

MÊME MAISON A BRUXELLES, A LEIPZIG ET A LIVOURNE

1871

Tous droits de traduction et de reproduction réservés

RÉPUBLIQUE ET RELIGION

UNIVERSELLES

57
2824

PARIS. — IMPRIMERIE ÉMILE VOITELAIN ET Cᵉ

61, rue Jean-Jacques-Rousseau

L'AVENIR SOCIAL

RÉPUBLIQUE & RELIGION

UNIVERSELLES

PAR BOBÉE

<hr>

PARIS

LIBRAIRIE INTERNATIONALE

A. LACROIX, VERBOECKHOVEN ET Cie, ÉDITEURS

15, boulevard Montmartre, et faubourg Montmartre, 13

MÊME MAISON A BRUXELLES, A LEIPZIG ET A LIVOURNE

1871

Tous droits de traduction et de reproduction réservés

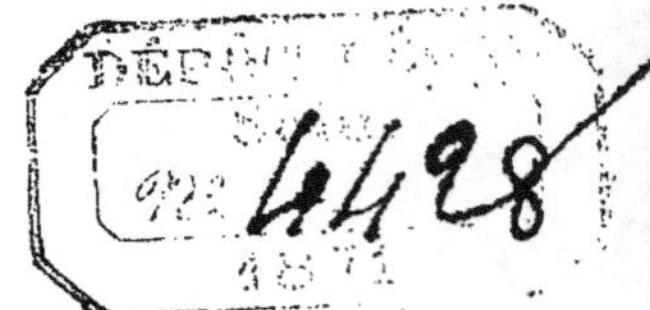

AUX LECTEURS

———

> Rien n'est plus commun que le nom,
> Rien n'est plus rare que la chose...
>
> LAFONTAINE.

C'est principalement à vous, jeunes gens au cœur noble et généreux, qui ne vous êtes pas encore froissés au contact de nos sociétés modernes, que j'ai pensé être utile en vous dédiant ces quelques pages, par lesquelles je viens vous conseiller de vous tenir en garde contre les déceptions de toutes sortes qui ne manqueront pas de vous assaillir comme une *avalanche*, dès vos premiers pas au milieu de notre soi-disant civilisation. Ne vous fiez pas à l'étiquette du sac. Il est vrai qu'il est bien paré, bien étincelant, bien séduisant; mais méfiez-vous, au contraire, des vipères, des scorpions et autres bêtes venimeuses que vous rencontrerez partout sur votre chemin ; sans compter celles que vous trouverez sous chaque pierre que vous soulèverez. Et vos déceptions y seront d'autant plus nombreuses, que vous serez plus pauvres; car « les amis ne sont que pour les favorisés de la fortune, » nous disait déjà Ovide il y a deux mille ans.

RÉPUBLIQUE ET RELIGION

UNIVERSELLES

RÉPUBLIQUE UNIVERSELLE

—

I

> Dieu est le bien,
> L'homme est le mal.

République universelle ! Question magique, qui ne cesse pas de nous intriguer plus ou moins, nous tous qui faisons partie de cette grande famille humaine répandue sur la surface de la terre.

Par quel caprice, par quelle fantaisie ou par quelle fatalité avons-nous pu commencer par nous diviser à l'infini en nous parquant nous-mêmes en Principautés, États, Royaumes ou Empires, nous faisant pour chacun des habitudes, des usages, des règlements et des lois différents les uns les autres, comme si nous n'étions pas tous descendus du même Créateur ?

Pourquoi n'avons-nous pas, au contraire, suivi la route toute naturelle que nous offrait la nature, en restant de suite ce que nous aurions toujours dû être et ce que nous serons tenus de devenir probablement pour trouver enfin le repos et le calme dont nous commençons à sentir tous le besoin ?

C'est-à-dire en finissant tout simplement comme nous aurions dû commencer.

Voici donc comme on peut résumer la grande question qui nous occupe : Devons-nous continuer, comme par le passé, à nous tenir enclos chacun chez nous, avec nos usages, nos lois, coutumes et croyances différentes ? Ou devons-nous tendre de toutes nos forces à en revenir à l'unification universelle, dont nous n'aurions jamais dû nous écarter, comme étant le seul et unique moyen de faire disparaître à jamais cette rivalité qui existe entre les divers États dont est couvert notre globe.

En effet, en nous plaçant à ce point de vue, pourquoi chacun de nous, pendant les quelques jours qu'il passe sur la terre, n'aurait-il pas droit au bonheur commun, en se conformant au devoir de citoyen ? Car, de deux choses l'une : ou Dieu a créé les hommes sur la terre pour qu'ils soient tous libres et heureux, ou il a voulu qu'une partie soit assujettie à l'autre. N'est-il pas plus naturel, au contraire, de penser qu'en créant l'humanité, Dieu a désiré ne faire qu'une seule grande famille ?

Cependant, jusqu'à ce jour, il a permis qu'il en soit autrement, puisque nous ne sommes encore qu'en États étrangers l'un à l'autre, toujours prêts à nous montrer les dents au moindre désaccord. Toutefois, on pourrait admettre que cela n'a été qu'un état provisoire par lequel il a fallu passer pour attendre que nous en soyions arrivés à nous créer des relations assez étendues pour pouvoir, un jour venu et d'un commun accord, effacer nos frontières en même temps que nos antipathies, pour finir enfin par nous donner tous la main.

Mais, malheureusement, nous avons à compter avec la *bêtise humaine*, cette ivraie indestructible qu'on s'efforce en vain de détruire, depuis six mille ans, sans qu'elle ait cessé un instant de repousser.

O vous, hommes sincères et honnêtes, qui cherchez sans relâche l'amélioration de notre condition sociale, espérant qu'un jour ou l'autre vous pourrez enfin jouir du bonheur de voir l'harmonie la plus parfaite régner entre tous les hommes, méditez bien ces quelques mots et réfléchissez bien si vraiment vous ne perdez pas votre temps en vains efforts, à lutter ainsi contre cette bêtise humaine, qu'il est impossible de détruire, contre cette ivraie de l'ignorance et du mauvais vouloir, qui renaît sous toutes les formes à mesure que, par des efforts incessants, vous vous épuisez à la combattre.

Examinez si ce n'est pas là se condamner, comme Sisyphe, à remonter continuellement, jusqu'au haut d'une montagne, un rocher qui sans cesse retombe sur vous, lorsque vous croyez en avoir fini avec votre tâche.

O pauvre nature humaine ! pourquoi la volonté divine a-t-elle permis qu'elle ne puisse se mouvoir que dans le cercle étroit de la sottise et de l'impuissance ? Quel est donc le mauvais génie qui a pu nous condamner à naître et à mourir dans l'enfance, ne nous accordant que quelques jours de lucidité au milieu de notre pénible carrière ? (1)

Et encore, combien est petit le nombre de ceux qui peuvent se vanter de l'avoir véritablement possédée, cette lucidité qui peut nous permettre de dire que nous avons, pendant quelques années, su faire la différence du bien et du mal, du bon et du mauvais, du grand et du vil, du juste et de l'injuste, etc.

Ne nous enorgueillissons donc pas autant sur nos soi-disant science, savoir, intelligence, génie et essence, puisque depuis que le monde est monde, et il y a longtemps, nous sommes encore et toujours à la recherche d'une véritable constitution sociale, et, reconnaissons-le sincèrement, malgré notre industrie et le savoir acquis, nous ne sommes pas plus heureux aujourd'hui que les anciens ne l'étaient il y a six mille ans.

Ah ! c'est que nos sociétés modernes ont un cancer au cœur qui les ronge, les dévore et fausse le tempérament le plus robuste. Ce cancer, origine de tous nos maux, vous l'avez déjà deviné, vous, lecteur, qui avez résisté à la contagion universelle. Ce mal, oui, ce mal terrible, eh bien ! ce n'est autre chose que le veau d'or.

Le veau d'or est encore debout, dit Méphistophélès dans *Faust*. Il contemple toujours le genre humain, se ruant le fer

---

(1) L'intelligence croît et décroît avec l'âge.

en main dans le sang et dans la fange, du haut du piédestal que les hommes lui ont élevé jusqu'aux nues, ajoute-t-il encore. Aussi quelle danse échevelée et éhontée les pauvres humains font-ils autour de lui. Quel pouvoir diabolique les entraîne tous dans ce tourbillon infernal qui a toujours pour résultat final la chute et l'écrasement des faibles qui ne peuvent supporter l'entraînement des forts.

De là, tout naturellement, naissent ces haines, ces rancunes, ces désirs de vengeance, etc., qui développent chez les uns le désir de renverser le bien-être des heureux, et chez les autres de transformer une condition sociale dans laquelle ils ne peuvent trouver leur place.

Oui, tant que cette divinité infernale restera notre seul et unique but, n'espérez jamais voir la bonne harmonie régner parmi les hommes; car elle nous aveugle tous, elle nous abrutit et développe chez chacun de nous les instincts les plus vils et les plus méprisables.

Aussi est-ce la première condition que Jésus-Christ avait mise au bonheur des hommes, puisqu'il répète continuellement à ses disciples que, pour conserver la bonne harmonie parmi eux, il faut commencer par renoncer aux biens temporels, qui ne peuvent engendrer que des sujets de discorde. Mais, bien au contraire, il a eu soin de les faire tous égaux, sans que l'un ait autorité sur l'autre, certain que cette égalité seule pouvait éloigner à jamais le démon de l'envie et de la jalousie.

O hommes étroits et peu clairvoyants, qui n'avez pas voulu voir que Jésus-Christ seul avait raison! Lui, qui désirait si ardemment voir la société humaine ne faire qu'une seule grande famille; qui vous a présenté le vrai bonheur sous toutes ses formes, à la seule condition, mais expresse, de briser le veau d'or, qui s'opposerait toujours à votre bonheur; pourquoi avez-vous toujours fait le contraire? Car les conseils ne vous ont pas manqué, c'est bien vous qui les avez toujours repoussés.

Le veau d'or sort de l'enfer, nous dit Milton, le célèbre conteur anglais, dans son gracieux poëme du *Paradis perdu*.

Quoi d'étonnant alors que ce brillant métal, qui nous donne des éblouissements si puissants, puisse exercer des ravages si désastreux sur notre faible intelligence et nous pousser à toutes les extrémités pour le posséder sous la forme d'un sac bien arrondi et auquel il ne manque que quatre pieds et deux cornes, pour que l'illusion soit complète?

Si, ainsi que le dit notre auteur, si l'enfer est seul cause de tous nos maux, que ne devrions-nous pas faire pour en briser le joug, ou tout au moins nous mettre en garde contre ses tentations ?

Mais encore, le voudrions-nous? Comment donc briser avec Satan, renoncer à ses pompes et aux jouissances qu'il procure? Qui y consentirait? Demandez-nous tout ce que vous voudrez pour améliorer notre triste état social, soit ; la question en vaut bien un peu la peine, mais tout, excepté de rompre avec le veau d'or, diront la grande majorité des hommes. Eh quoi ! vous n'y pensez pas, évidemment vous ne comprenez rien à la vie; car, nous vous le demandons, avec quoi alors pourrions-nous avoir des maîtresses, des amis, des palais, des laquais, des voitures, des chevaux, etc., etc., si nous n'avons pas toujours la main dans le sac infernal? Vous le voyez donc bien, tout, excepté cela. Voilà ce que répondent toujours les maîtres de la fortune publique. Et l'ivraie continuera à pousser de plus belle, comme par le passé.

Ne vous colletez pas avec la bêtise humaine.

II

Mais avant de poursuivre le but que nous nous sommes proposé, et pour que ceux de nos lecteurs qui n'ont pas lu le poëme que nous venons de citer puissent nous comprendre, nous allons maintenant raconter brièvement ce qui a trait aux passages auxquels nous ferons quelquefois allusion, et qui, selon l'auteur, nous donnent la clef de l'origine de tous nos maux.

« Un jour, nous dit Milton, l'armée céleste était devenue si nombreuse et si turbulente, que la révolte éclata dans le céleste séjour entre tous les orgueilleux qui se disputaient les premières places et les plus grands honneurs.

Ils y excitèrent un tel désordre, que Dieu lui-même fut obligé d'intervenir pour y remettre l'ordre.

Mais en vain chercha-t-il, par la persuasion, à les faire rentrer dans l'obéissance, il ne put y parvenir, et il fut obligé d'avoir recours à ses foudres, avec lesquelles il balaya d'un trait toute cette vile multitude, en les lançant dans l'espace, vers le gouffre d'Enfer, tout préparé d'avance pour les recevoir, et dans lequel ils furent engloutis depuis le premier jusqu'au dernier.

Puis, lorsque Dieu se fut assuré par lui-même qu'ils y étaient bien arrivés tous, il en ferma soigneusement la porte à triple tour, et il en donna la clef à Cerbère, qu'il y installa comme c....., j'allais dire concierge, qu'il y installa portier, avec défense expresse d'en laisser sortir qui que ce soit.

Et, plein de confiance dans cet ordre formel, il remonta tranquillement aux cieux pour jouir en paix des béatitudes célestes.

Cependant, malgré toute sa prévoyance, il laissa surprendre sa bonne foi par Cerbère lui-même, n'ayant pas pensé que des esprits corrompus, enfermés dans un lieu infect comme est l'Enfer, ne devraient pas tarder à corrompre son infidèle gardien.

Aussi lorsque tous ces esprits se furent un peu reconnus de l'affreux pêle-mêle dans lequel ils étaient arrivés, sans savoir ni où ils allaient ni ce qu'ils deviendraient, ce fut Satan qui, le premier, prit la parole.

Il commença naturellement par se plaindre de cet abus de pouvoir, d'avoir ainsi osé leur jouer un pareil mauvais tour, et cela sans les consulter.

Aussi, lorsqu'ils eurent voté à l'unanimité un blâme sévère sur une pareille infamie, il termina bientôt son discours, qui reçut de suite l'approbation de tous ses co-détenus.

Puis, après un moment de silence, ils commencèrent à se concerter ensemble pour chercher ce qu'ils feraient bien dans cet affreux séjour, aussi infect que sombre, pour se venger d'un si cruel affront.

Satan, qui avait toujours conservé la présidence, leur pro-
posa enfin de ne pas se résigner de gaieté de cœur à la puni-
tion dégradante que leur avait infligée l'impitoyable maître,
que cela criait vengeance, que, s'ils étaient de son avis, ils lui
déclareraient la guerre.

— Oui, la guerre, la guerre ! s'érièrent les uns ; oui, la
guerre à outrance ! répondirent les autres ; et ce dernier cri
obtint l'unanimité.

— Mais..... firent observer timidement quelques-uns, qui
s'embarrassaient toujours de peu.

— Oui, la guerre ! soit ; mais à qui et comment ? et puis,
sommes-nous en mesure ?

C'est alors que Satan leur développa son plan, qui, dans la
suite des temps, devait nous être si funeste. Il commença en
ces termes :

« Vous ne savez peut-être pas, comme moi, un petit secret
que j'ai emporté du Ciel, malgré mon effroyable dégringolade,
pendant laquelle, je l'avoue, je n'ai vu que du feu.

« Mais enfin, dans cet affreux tourbillon, je ne l'ai pas
lâché, et le voici :

« Je sais qu'il y a quelque part, dans un coin du Ciel, un
tout petit monde nouveau, sur lequel notre tyran a reporté
toute l'affection que nous avons perdue ; sur ce monde, il
s'est plu et complu à y former pour l'habiter, deux nouveaux
êtres qu'on dit faits à sa ressemblance et, soi-disant, parfaits.

« Voici alors ce que je viens vous proposer :

« C'est de combattre notre ennemi commun dans ses œuvres mêmes, et, par une activité dévorante, de chercher à
perdre et à détruire tout ce qu'il fera.

— Oui, oui : Vive Satan ! se sont-ils écrié de toutes parts.

— Je serai votre chef, reprit-il, et vous me promettez d'o-
béir à mes ordres ; ce qu'ils lui promirent avec enthousiasme,
mais à une condition toutefois.

Cette condition était de leur donner à tous de bons emplois
à mesure qu'il s'en trouverait de créés, ce qu'il leur promit
d'autant plus volontiers que telle était bien son intention.

— Mais, objecta un des moins turbulents, certes c'est beaucoup de savoir que ce monde existe, mais il faut pouvoir le
trouver.

— C'est juste, répondit Satan, mais j'y avais pensé, et je compte, pour le découvrir, me renseigner à ceux-là mêmes que notre persécuteur a mis pour en garder l'approche. Je leur dirai que je désire admirer l'œuvre nouvelle de Dieu pour chanter ses louanges, et ils m'en indiqueront certainement le chemin.

Sur ce, ils se mirent à entonner, en chœur, ce chant bien connu de : *Guerre aux tyrans*, etc., après quoi, Satan prit congé d'eux.

Mais, au moment où il voulut s'élancer dans l'espace, il se trouva arrêté par le terrible Cerbère lui-même qui, de ses trois énormes gueules, lui cria, d'une voix de tonnerre, qu'on ne sortait pas.

A quoi Satan répondit :

— Qui peut, dans ce séjour, se permettre d'avoir assez d'audace pour contrôler mes actions et s'opposer à ma volonté ?

Alors Cerbère, se nommant, lui signifia sa charge, ajoutant avec hauteur :

— Quand vous seriez Satan lui-même, je vous l'ai dit : On... ne... passse... pas !

— Diable ! se dit Satan, je n'avais pas compté là-dessus, mais cela va s'arranger facilement, car il est impossible que ce portier soit incorruptible. Cerbère, reprit-il alors : vraiment, je ne comprends pas comment tu peux te faire ainsi le geôlier d'un tyran qui ne t'a pas traité mieux que nous, car, pour garder la porte, tu n'en es pas moins dedans ; crois-moi, laisse-moi passer, et, là où je vais, il me sera facile de te donner charge où tu seras aussi choyé, dorlotté et craint que tu es méprisé ici.

— Oh ! alors, reprit Cerbère, si vous me prenez par mon faible, je ne vous retiens plus. Voici la porte ouverte, mais surtout ne m'oubliez pas.

Alors, d'un bond, Satan s'élança dans l'espace, à la recherche de la Terre, qu'il finit enfin par rencontrer sur les indications qu'il recueillit chemin faisant.

Puis, après quelques détours, trouva enfin le Paradis terrestre et ses nobles habitants.

Mais comment approcher de nos premiers parents, sous

cette forme nouvelle pour eux, et cela sans les effrayer?

Toutefois, sans s'embarrasser de si peu, il convint qu'il reviendrait, la nuit, sous une forme d'emprunt et connue, afin de n'être pas suspect.

Alors, le soir venu, il attend le moment où Adam et Ève sont profondément endormis, sous de riants ombrages et sur un lit de fleurs; puis, prenant soudain la forme d'un crapaud, se rapproche adroitement de notre première mère pour lui souffler dans le tuyau de l'oreille toutes sortes de conseils *infâmes*, si bien que le rose lui en était monté au visage. Et c'est dans cet état qu'Adam la trouva, à son réveil, encore plus belle que les jours précédents.

Satan, content de lui sur sa première tentative, résolut alors de revenir à la charge.

Et vous savez que, cette fois, c'est sous la forme d'un serpent qu'il parvint à faire mordre à la pomme, et que... tout fut accompli !

Puis ensuite, à cette première faute succéda une seconde, puis une troisième, etc., etc., qui, par la suite des siècles, peupla tout l'univers, jusqu'à nos jours. »

Ne soyons pas étonnés alors si nous avons fait, et si nous faisons encore tant de sottises et commettons tant de crimes, puisque selon cet auteur ce serait l'enfer qui aurait présidé à notre propagation sur la terre.

Mais si Satan une fois vainqueur se sentit satisfait de sa vengeance, il avait aussi à satisfaire celle des esprits impurs précipités du ciel en même temps que lui.

Aussi, à mesure que la terre se peuplait, et que les empires se fondaient, il permettait à ses complices d'aller prendre avec les hommes toutes les formes qu'ils se donnaient à eux-mêmes.

Ainsi, là un esprit d'un ordre inférieur passait sous le manteau d'un gros capitaliste ; un autre plus rusé se glissait sous le bonnet d'un vieil avare, ladre et crasseux, d'autres fourbes et menteurs s'emparaient des endormeurs, des marchands et des spéculateurs.

Puis les plus turbulents se réservèrent le rôle d'avocats, chargés de fausser la conscience des juges et du public, etc., etc.

Et c'est ainsi que les grands, les hauts dignitaires, les fanatiques, les violents, les entreteneurs, les habiles, et les faiseurs de pauvres, etc, furent habités successivement par ces génies malfaisants.

Satan se réservant pour lui seul le principal rôle : celui de Robert Macaire, leur maître à tous.

Les bons seuls les repoussèrent expressément, ne voulant absolument n'avoir aucun commerce avec eux.

Mais eux à leur tour dédaignèrent les sots et les stupides, qu'ils méprisèrent toujours.

Cependant les légions sorties du gouffre infernal, où les avait plongées le maître des cieux, pensèrent aussi qu'il ne suffisait pas, pour que de leur côté leur vengeance fût complète, que Satan ait réussi à tromper l'homme par ses fausses protestations, mais qu'il leur fallait encore finir par le perdre en excitant aussi ses passions les plus viles.

Dans ce but, ils formèrent avec le bourbier noir dans lequel ils étaient plongés, une statue de boue, reposant sur quatre pieds, pour qu'elle atteignît aux quatre coins du monde, et à laquelle ils mirent une tête, sur laquelle ils plantèrent deux cornes; peut-être pour figurer le complément de nos maux.

Il sortit alors, de cette première forme informe, une statue qui ressemblait à la vache Io, et au bœuf Apis. Mais pour qu'elles ne soient pas confondues, ils lui donnèrent la jeunesse d'un veau, qu'ils dorèrent ensuite.

Et Plutus leur ayant prêté ses clefs, ils leur fut facile de puiser aux trésors de Pluton; certains qu'avec cela, ils finiraient facilement de perdre les hommes.

Et ils ne s'étaient pas trompés.

Un seul homme, oui, un génie supérieur qui avait bien compris toute l'étendue de nos misères, voulut s'opposer à leurs envahissements en se dévouant à lutter contre leurs débordements.

Jésus-Christ, qui seul contre tous désirait ardemment le bonheur de l'espèce humaine, se dévoua à cette sainte et sublime cause. Mais il dut bientôt céder sous le nombre des ennemis qu'il se faisait. Et poursuivi, traqué comme une bête fauve par les Scribes et les Pharisiens, ses plus impitoyables ennemis, il ne tarda pas à succomber sous leurs accusations mensongères, et à être mis à mort.

Mais bientôt après les hommes délivrés de ce génie supérieur qui les démasquait devant l'opinion publique, reprirent de suite leurs habitudes de plus en plus dépravées.

Il aurait bien désiré pouvoir jeter à bas cette statue infernale dont le culte allait sans cesse grandissant, mais il ne put y parvenir. Satan et les hommes eurent toujours le dessus.

Aussi, depuis sa mort, que de maux la soif de l'or n'a-t-elle pas causés, et ne causera-t-elle pas encore si nous continuons à ne pas vouloir voir qu'elle est le plus grand ennemi de notre bonheur.

Oui soyez-en convaincus, tant que cette idole sera notre seule divinité, ce sera toujours les légions infernales qui présideront à nos destinées.

III

O grand Robert-Macaire, patron de tous les floueurs et des monteurs de coups, que tes enfants sont beaux ! Comme ils sont bien devenus depuis que tu les as lâchés sur la société ! Sont-ils assez potelés, dodus, ventrus, etc. O grand maître comme ils ont bien profité de tes leçons ! Ils ont même, on peut le dire, dépassé le maître.

Mais aussi avec ta magnifique devise de « *Volez-vous les uns les autres* » où ne pouvaient-ils pas monter ? Aussi comme ils s'écriaient bientôt avec toi : « *Je ne marche pas, je vole.* » Quelles belles curées ils ont faites !

En ont-ils donc créé de ces crédits imaginaires ? de ces emprunts lunatiques, de ces chemins de fer supercoquentieux, de ces institutions fantastiques, etc., etc.

Tandis que les pauvres sots, de ceux-là que Satan avait dédaignés, étaient volés, pillés, dupés, et voyaient toutes ces belles promesses s'en aller en fumée avec leur argent.

Pauvres gens, qui croyaient encore à l'honnêteté ! ils ont payé bien cher leur stupidité.

BIBLIOTHÈQUE NATIONALE

Combien d'actes et d'entr'actes on aurait pu ajouter à la comédie des *Brigands!* Entre ce blagueur de défenseur des foyers qui s'arrange toujours pour arriver trop tard, jusqu'à l'amoureux caissier infidèle qui n'a conservé que les *fonds* de sa caisse.

Quelle pièce interminable auraient pu nous produire ces auteurs intéressants, s'ils avaient voulu nous montrer ainsi, au déshabillé, seulement un petit fragment de toutes les classes de la société!

De tous ceux-là qui n'ont pas d'autre morale que celle de la *Belle Hélène*, qui nous confie que le mal n'est pas de voler mais bien de se laisser prendre.

Aussi appliquant ce principe sur une large échelle : jamais on n'a fait plus rapidement fortune que sous notre dernier empire, avec nos grandes spéculations à toutes brides, qui permettaient aux capitalistes et aux habiles de manger la viande du morceau en attendant qu'ils veuillent bien jeter les restes à l'industriel, puis au travailleur qui, lui, n'en peut plus vivre.

Ne nous étonnons donc plus de voir que l'envie a transpercé le cœur des travailleurs, lorsqu'ils ont vu cette avalanche de filles et d'agioteurs se ruer sur l'argent, les plaisirs et tous les luxes imaginables.

Tandis qu'eux, les travailleurs, et les plus intelligents passaient leur pénible existence dans les privations de toutes sortes, la gêne et la misère, leur faisant regretter, au bout de leur pénible carrière d'être restés honnêtes, lorsqu'ils voient les affronteurs se partager tous les biens.

Qu'ils sont donc coupables les hommes qui, étant chargés des destinées des peuples, n'ont pas su les conduire à un état plus heureux, et qui, au lieu de n'être occupés qu'à satisfaire leurs passions, n'ont pas compris qu'ils avaient une autre tâche à remplir que de ne penser qu'à eux.

Conducteurs aveugles qui n'ont pas voulu comprendre que tous les hommes sont frères avant tout, et que le véritable bonheur durable d'une société bien organisée doit consister dans le bien-être du plus grand nombre, et non pas dans le privilége de quelques-uns, au détriment de tous les autres.

Au contraire, nous assistons depuis déjà nombre d'années à des courses au clocher effrénées et échevelées, dans laquelle tous les moyens sont bons pour s'enrichir vite et beaucoup.

Nous marchons sans pitié sur le corps des faibles pour nous en servir comme de marche-pied, afin de nous élever le plus haut possible. Qu'importe leurs cris et leurs plaintes, le poids de notre corps les aura bientôt étouffés !

Ainsi n'était-il pas vraiment honteux, révoltant, hideux même, de voir encore récemment que, pendant l'investissement de Paris par les Prussiens, toute la bande stupide et vorace des marchands, des accapareurs et des spéculateurs s'est ruée sur tous les produits de première nécessité, ne voyant, dans cette calamité publique, qu'une admirable occasion de s'enrichir, et cela sans que personne ait osé y mettre obstacle ; comment donc ! est-ce que cela n'est pas tout naturel, puisque presque tous en auraient fait autant.

Ne comprenant pas qu'à partir du jour où une ville est fermée, toute liberté commerciale ne doit plus exister, et cela tant que les relations extérieures sont interrompues.

Aussi que de fortunes dateront de cette époque de deuil et de ruines !

Eh bien, après ? Où en arriverons-nous, en suivant de semblables pentes ? Quand nous nous serons ainsi arraché le pain des mains avec une véritable activité dévorante, comme disait cet ex-ministre, nous arriverons fatalement à la condition des Américains, chez lesquels le riche devient plus riche, et, par une conséquence naturelle, le nombre des pauvres augmente et augmentera fatalement de jour en jour, avec ces entreprises gigantesques qui accaparent à elles seules la source des ressources qui, autrefois, faisaient vivre honnêtement des centaines de familles, lesquelles, aujourd'hui, ne savent plus comment faire pour subvenir à leurs besoins.

Oui, il serait de toute nécessité que l'État n'autorisât la formation de grandes Sociétés anonymes par actions, que pour des entreprises qu'il serait bien établi ne pouvoir être exploitées par des Sociétés privées, telles que celles formées pour la création des chemins de fer, compagnies transatlantiques, Compagnies d'assurances et autres entreprises semblables, qui sont trop considérables pour être fondées en Sociétés particulières, ce qui serait le plus sûr moyen d'empêcher que le capital écrase toujours le travailleur, au lieu de lui venir en aide ; car le capital et le travailleur ne doivent jamais se faire concurrence, mais, bien au contraire, s'entre-soutenir mutuellement et s'entre-secourir, comme l'aveugle et le paralytique, car ils ont besoin l'un de l'autre.

Il y a encore d'autres concurrences aussi redoutables pour le travailleur que celles des grandes Sociétés anonymes. Je veux parler de celles que fait le travail des prisons et des établissements de bienfaisance, qui jettent sur le marché des masses de produits fabriqués à vil prix et mettent encore le travailleur dans l'impossibilité de vivre de son travail.

Oui, le travail des prisons n'est admissible qu'à une seule condition : c'est que l'État, qui a toujours besoin d'argent, prenne pour lui les différences de prix et ne permette pas la vente de ces articles au-dessous des cours du commerce légal.

Pensez-y bien : si vous continuez à ne faire que des pauvres autour de vous, qui les nourrira ? Attendrez-vous enfin, avant d'aviser, que nous en soyions arrivés, comme les Chinois, à vendre père, mère et enfants, pour un peu de pain ?

Comprenez plutôt que nos pères avaient bien plus de sens que nous, car ils vivaient heureux, d'un travail facile, tandis que nous, nous sommes toujours dans la gêne, tout en nous démenant comme des possédés.

Et nous appelons cela du progrès. Je pense, au contraire, que cela serait bien mieux nommé : sottise.

IV

O Républicains universalistes, qui cherchez sans cesse la solution du grand problème social, pourquoi vous épuiser en vains efforts à vouloir mettre chaque jour la lumière sur le chandelier, pour éclairer des gens qui ne veulent pas voir et renseigner ceux qui ne veulent pas entendre ; les uns pour continuer à piller dans l'ombre et les autres parce qu'ils ne peuvent ou ne veulent pas se rendre à l'évidence ?

Ne cherchez donc plus à lutter contre cette bêtise humaine que nul n'a jamais pu détruire depuis que le monde est monde, pas plus le Christ que les autres penseurs. Et cependant le Christ était un homme supérieur. Il était bien la vraie lumière du monde, avec sa simplicité et sa douce morale.

Aussi, voyez comme il prêche toujours le désintéressement qui, seul, est le commencement de la fraternité.

Comprenez bien cela, et, par la même raison inverse, l'avarice est, par conséquent, la cause de notre dégradation sociale.

Mais les hommes qui n'ont jamais voulu admettre d'accommodement avec leur amour-propre ni leur intérêt privé ont préféré les ténèbres, parce que la vérité et la lumière les condamnaient.

République universelle! c'est-à-dire union générale et solidaire des peuples, est certes une belle proposition. Mais comment serait-elle plus réalisable aujourd'hui qu'elle ne l'était du temps de Jésus-Christ? Qui vous fait penser qu'elle ne serait pas aussi bien repoussée par les privilégiés du siècle que ne l'était la sage doctrine du Christ sous les Scribes et les Pharisiens?

Regardez, autour de vous, combien le nombre de ceux qui vous comprennent est petit; et combien vous avez contre vous d'indifférents et d'intéressés, qui repoussent toujours tout ce qui touche à leur petite personnalité.

Que voulez-vous? Que pouvez-vous faire contre cette tourbe à esprit court, aux idées étroites, qui ne peut ou ne veut pas voir plus loin que son petit intérêt personnel?

A ces obstinés, vous aurez beau leur tenir n'importe quel raisonnement et leur développer n'importe quelle nouvelle idée, ils prendront de suite leur petite balance aux écus et condamneront l'idée, si l'écu l'emporte.

N'est-il pas plus sage, au contraire, de laisser faire et laisser aller, sans se soucier davantage de leur bonheur? Car, après tout, le bonheur est là où on le trouve, dit un proverbe; et si la majorité, à laquelle on doit toujours se rendre, se trouve bien ainsi, pourquoi n'y resterait-elle pas?

C'est à vous, sages et plus clairvoyants, dont on repousse les conseils, de continuer, comme par le passé, à rester dans l'ombre, pour éviter de vous trouver broyés par cette foule remuante qui, enfin, se trouve heureuse dans ce tourbillon plus ou moins trouble qu'on appelle nos sociétés modernes. Qu'il vous suffise d'avoir fait votre devoir en conseillant le bien, pour être tranquilles avec votre conscience.

Voyez aujourd'hui comme nous sommes divisés, même sur des questions qui devraient nous rallier tous, et cela, parce que nous ne voulons pas nous placer au point de vue de l'intérêt général.

Voyez où en sont, je veux dire où en étaient, ces grandes et sublimes questions de traités de commerce, avant nos guerres nationales et civiles, de triste mémoire. Eh bien! elles étaient encore et toujours remises en question, méprisées et repoussées par le plus grand nombre, parce que chacun voulait toujours tirer toute la couverture de son côté.

Partout le petit intérêt personnel dominait. La généralité des hommes ne peut ou ne veut pas voir plus loin.

En vain quelques esprits supérieurs voudraient-ils les faire sortir de leur routine surannée, ils ne le comprennent pas.

Oui, quelquefois de grandes conceptions, et toujours de petits hommes!

Oh! que c'est bien le cas de dire, avec les Anglais, que les hommes nous produisent l'effet inverse des statues. Ainsi, plus on approche de celles-ci, plus elles grandissent; mais des hommes, au contraire, plus on s'en rapproche, plus on les trouve petits.

Jetons en passant seulement un regard d'un moment sur ces questions commerciales, pour en mentionner ici quelques traits.

Ainsi, si l'on jette un regard en arrière sur ces grandes questions économiques, on se trouve arrêté à chaque pas par le mauvais vouloir du plus grand nombre, qui ne comprend pas qu'avant de récolter il faut semer. Les uns veulent récolter en semant, les autres avant d'avoir semé. Même bientôt la saine raison en est bannie par les floueurs et les privilégiés, qui veulent empêcher que la lumière se fasse; car ils savent bien, ceux-là, que le chaos leur est toujours bien plus avantageux que la lumière. Malheureusement, jusqu'à ce jour, ce sont souvent eux qui l'ont emporté.

Là, ce sont des agriculteurs qui voudraient bien exporter leurs grains, à condition toutefois qu'on fermerait la porte aux grains étrangers.

Puis l'ignorance des peuples, qui vient ajouter à la complication qui en résulte, sous prétexte qu'en exportant nos produits, on amène quelquefois un peu de cherté, ne pouvant pas comprendre qu'il est toujours avantageux pour un pays d'attirer à soi l'argent de l'étranger.

Là, ce sont des constructeurs mécaniciens qui se respectent assez peu pour trafiquer de leurs admissions temporaires, faculté qui devrait déjà blesser notre amour-propre national, sur notre soi-disant infériorité, sans nous abaisser encore à l'exploiter. Mais bah ! comme on dit aujourd'hui, il n'y a pas de sot métier. Les moyens ne sont rien, disent certaines gens, le but est tout.

Puis nos constructeurs de machines industrielles, qui ne peuvent ou ne veulent pas nous dire pourquoi une machine anglaise coûte aux Anglais moins cher que chez nous.

Et l'industrie cotonnière ? Qui pourra dire aujourd'hui quelles sont les lumières qui sont sorties de toutes les enquêtes, contre-enquêtes, etc., qui ont été faites sur les questions qu'elle soulève ? Que de volumes sont déjà écrits sur cette matière, et qu'on ne lira jamais, sans compter ceux qu'on pourra y ajouter ultérieurement, pour finir de les embrouiller.

D'une part, l'industrie cotonnière qui voudrait conserver tous ses priviléges.

D'autre part, le progrès social qui demande impérieusement qu'on lui permette enfin d'allonger sur l'étranger ses membres engourdis par un trop long accroupissement.

Puis vient ensuite la douane, avec ses cent yeux inutiles et gênants, qui ne peut aussi y apporter que ses ténèbres.

Ce qui fait que de tout cela, je crois que la tour de Babel même serait la lumière au milieu de tant de mauvais vouloir.

Puis nous avons encore les questions maritimes, qui sont loin aussi d'être tirées au clair. Cependant, chez les armateurs, on rencontre plus de libéralisme, ce qui vient de leur contact déjà ancien avec les différents peuples du globe, sans vouloir dire cependant qu'il sera facile de tirer quelque chose de pratique de leurs réclamations sur les droits de pavillon et sur l'inscription maritime, etc.

Mais je constate toutefois que, chez les marins, il y a moins de mauvais vouloir et de mauvaise foi.

Ainsi donc, partout et toujours la même chose : Grandes questions, grandes conceptions, qui viennent toujours se briser contre de petits intérêts personnels.

Pauvre bêtise humaine ! comprenez donc que de demander de rapporter ces traités de commerce, c'est comme si les entrepreneurs de diligences et les rouliers venaient demander la démolition des chemins de fer, qui ne leur permettent plus de continuer leur petit service, comme ils le faisaient le siècle dernier.

Et que si enfin on les rapportait, ces traités, il faudrait demander en même temps la suppression des relations maritimes, ainsi que la destruction des fils télégraphiques internationaux.

Car, enfin, à quoi cela servirait-il, s'il n'y avait plus ou presque plus de relations cosmopolites et commerciales ?

Où cela nous conduirait-il, alors ?

Mais il faut bien comprendre aussi que ces grandes conceptions ne peuvent se soutenir qu'avec de l'honnêteté et de la sincérité.

Car la finasserie doit être enterrée absolument avec les petites affaires.

Cependant les progressistes ont raison : il est bien temps de devenir un peuple plus honnête, si nous voulons étendre nos relations au dehors, sous peine d'arriver fatalement au dernier ban des nations commerciales, car les grandes affaires à longue portée ne sont possibles qu'avec de la loyauté.

Mais, au contraire, que faisons-nous ?

Eh bien ! nous nous appliquons, comme en Amérique, à frauder nos produits fabriqués.

Nous falsifions nos vins ; nous croyons avoir fait merveille en faisant du chocolat sans cacao, des liqueurs sans les principes qui doivent les composer, des sirops sans le fruit qui les spécifie, des soi-disant gelées de fruits faites avec de la gélatine, du lait et de la crème sans nom, de la bière sans houblon. Produits détestables qui soulèvent le cœur de ceux qui en ont encore.

Juqu'au pain, qu'on ne peut plus trouver naturel que dans le fond des campagnes. Et mille autres choses semblables, qu'il serait trop long de rapporter ici.

Voilà le plus beau de nos progrès !

Oui, hommes sincères qui désirez le bien, méditez en vous-mêmes si cette tâche n'est pas au-dessus de vos forces, car, au degré d'indélicatesse où nous sommes descendus, je crois vraiment que ce sera Satan et toute sa lignée qui conduiront encore longtemps nos affaires commerciales.

Sur notre organisation administrative et bureaucrative, avec lesquelles on est promené, balancé et relancé comme sur des raquettes auxquelles on sert comme de jouet, je crois qu'on ne peut prêcher qu'à des convertis, en disant qu'il est grand temps de tout refaire à nouveau, si l'on désire le moindrement arriver à quelque chose de bien et de grand.

Mais encore, là comme ailleurs, quelles difficultés ne rencontrera-t-on pas ?

Alors jugez de vous-même si vous oserez jamais entreprendre une pareille tâche, qui ferait reculer les plus entreprenants. Que de *toiles d'araignées* vous rencontrerez sur votre chemin, comme disait naguère une Excellence.

Hercule lui-même en reculerait épouvanté.

Et cela, pourquoi ?

Parce que le veau d'or nous éblouit, nous fascine et nous donne le vertige, en nous faisant perdre le sens et l'entendement.

. . . .

Et Satan conduit le bal...
Conduit le bal !...

RELIGION UNIVERSELLE

I

Religion universelle ! Deux mots, oui, rien que deux mots, mais qui doivent se trouver bien étrangers l'un à l'autre quoiqu'ils aient été créés pour être frères.

Qui donc a pu avoir une idée aussi cruelle de nous mettre ainsi en présence ? s'écrièrent-ils tous les deux à la fois; sans doute cela ne peut-être qu'une méchante plaisanterie que quelque mauvais farceur a voulu nous jouer !

Nous ! chercher à nous tenir unis ensemble ! Oh ! non jamais, plutôt la damnation du dernier croyant et du dernier fidèle, qu'une pareille entente !

Ah bien oui ! et que dirait Satan ? etc., etc.

Ainsi s'entretenaient ces deux mots lorsque nous sommes arrivé, ne s'apercevant pas qu'à mesure que leur conversation se prolongeait, leur animosité diminuait, et si bien qu'ils auraient peut-être fini par s'entendre si nous ne les avions pas involontairement interrompus.

Mais en nous apercevant, ils se sont mis le doigt sur la bouche, se faisant signe réciproquement qu'ils n'étaient plus seuls, et qu'il ne fallait pas même qu'on puisse se douter qu'ils s'étaient déjà adressé la parole.

Aussi, eus-je beau prêter l'oreille pour écouter s'ils allaient reprendre leur entretien, je n'entendis plus rien.

Cependant j'en avais assez entendu pour comprendre qu'ils n'étaient pas aussi ennemis qu'on l'avait pensé jusqu'alors et qu'en fin de compte il y avait plus de Satan là-dessous que de véritable antipathie.

Alors je profitai de ce petit secret surpris au passage pour rechercher par moi-même s'il n'y aurait pas moyen de jouer quelque bon tour à ce mauvais drôle, qui, selon Milton, est la cause de tous nos maux.

Et cela du moins dans l'intérêt de notre pauvre humanité, qui est si malade, qu'elle ne sait plus à quel..... Diable se vouer.

D'après cet entretien, étant allé aux informations, j'ai appris qu'en effet les philosophes, les libres penseurs, les protestants et autres, ainsi que beaucoup de catholiques même pensent que le temps pourrait bien enfin être arrivé de faire un effort suprême, sincère et même sérieux pour tenter un rapprochement entre les différentes religions et les différents cultes, afin d'éteindre à jamais cet esprit de jalousie et d'antipathie qui les a toujours tenus pour irréconciliables.

Oui, grande révolte de tous côtés. Les protestants ne trouvant plus leur réforme assez réformée veulent encore en faire une révision complète.

Les libres penseurs s'en mêlant aussi ne veulent plus croire sur parole tout ce qu'on leur dit.

La science et la raison qui, aujourd'hui se disputent le monde, cabalent ensemble de leur côté pour ne plus admettre que ce qu'elles pourront expliquer.

Et les catholiques eux-mêmes, qui depuis tant de siècles vivaient pour la plupart endormis dans le doux *far niente* de l'indifférence, viennent aussi de regimber contre le dernier coup de..... l'infaillibilité que vient de leur lancer sa sainteté Pie IX.

Pensant plutôt comme les protestants qu'il y avait bien plus à supprimer qu'à ajouter, ils ne peuvent pas se décider à avaler cette nouvelle pilule papale sans protester.

Oui, décidément c'est une mauvaise inspiration que le pape

a eue là, et que le dernier concile a crû devoir soutenir ; car certainement elle venait plutôt d'en bas que d'en haut.

Mais les protestants dans un contre-concile œcuménique qu'ils se proposent d'ouvrir aussitôt que les circonstances le permettront, ont l'intention de faire une révision complète de la Bible, pour continuer les réformes commencées par Luther et Calvin.

Ils font appel à tous les savants et à tous les gens compétents de tous les pays pour leur venir en aide dans cette nouvelle révision.

Oui, ils trouvent encore bien des fautes à corriger, soit d'interprétation, soit de traduction, sans compter les erreurs de science et d'histoire, etc., etc.

Par exemple, ils trouvent qu'il y a un *quiproquo* dans la Vulgate, dans la traduction de saint Jérôme pour la naissance de la femme.

Dieu n'a pas tiré une des côtes de l'homme, mais des flancs de l'homme. C'est le latin qui a fait la faute.

Le grec aussi a fait des fautes. Dans l'oraison dominicale, il n'y a pas : Notre père qui êtes dans les cieux, puisqu'il est partout. L'hébreux avait dit : qui êtes dans la lumière.

Puis dans la légende de l'évangile de saint Luc, où il est question de la pêche miraculeuse, dans laquelle il est dit que le filet creva.

Saint Jean au contraire dit qu'il ne creva pas.

Ils veulent aussi réformer la légende de la fontaine intermittente de saint Jean, dont l'eau ne pouvait pas être remuée par un ange.

Puis cet autre passage du même évangéliste qui fait dire à Jésus-Christ que le blé doit mourir en terre pour germer et pousser, etc., etc.

C'est-à-dire ainsi que toutes les autres rectifications qui pourront se présenter dans le cours du débat.

A messieurs les protestants qui désirent continuer leur marche de réformes, nous leur apporterons volontiers la petite part de lumière que nous pouvons mettre à leur disposition.

Et nous leur dirons en commençant par le commencement, c'est-à-dire la Genèse :

Vous remarquerez qu'il y a deux versions différentes dans les deux premiers chapitres, qui se contredisent l'une l'autre.

Ainsi dans le premier chapitre il est dit au vingt-sixième verset.

26..... « Outre plus, Dieu dit : Faisons l'homme à notre « image et similitude, et qu'il ait domination sur les poissons « de la mer, etc.

27..... « Dieu donc créa l'homme à son image et ressem- « blance, il le créa à l'image de Dieu. *Il les créa mâle et « femelle.*

28..... « Et Dieu les bénit et leur dit : *Fructifiez et multi- « pliez, et remplissez la terre*, et l'assujettissez, et ayez sei- « gneurerie sur les poissons de la mer, etc.

29..... « Et Dieu dit : Voici, je vous ai donné toute herbe « qui produit semence sur la terre, et tous arbres qui ont en « soi-même semence de son espèce, afin qu'ils vous soient « comme viande.

30..... « Même aussi à tous animaux de la terre, à tous « oiseaux du ciel, et à toutes choses mouvantes sur la terre, « qui a en soi âme vivante, afin qu'ils aient à manger, et fut « ainsi fait.

31..... « Et Dieu vit tout ce qu'il avait fait et il était fort « bon. Lors fut fait le soir et le matin du sixième « jour. »

Nous voyons donc par le premier chapitre de la Genèse : que Dieu créa l'homme et la femme, ainsi que tous les autres animaux. Qu'ils étaient bien deux puisqu'il leur parle tou- jours au pluriel et ajoute : *Croissez et multipliez et remplissez la terre.*

D'après cela, il doit être inutile de s'arrêter à ce qu'il est dit au chapitre deux, dans lequel on reprend la création de la femme n'ayant plus aucun rapport avec ce qui est dit dans le premier chapitre. Ce qui fait voir évidemment que le second chapitre se rapporte à autre chose, et a été ajouté après coup. Du moins pour la plus grande partie, car le commencement de ce second chapitre n'est encore que la fin du premier.

Puisque les quatre premiers versets ne parlent que de la

création du septième jour, évidemment ils appartiennent au premier chapitre.

Et puis encore le style change, il n'est plus le même. Ainsi dans la création des sept jours on dit simplement Dieu ; et dans les versets du second chapitre qui commence au cinquième, on dit le *Seigneur Dieu*.

Il est évident alors que cette suite ne se rattache plus au commencement, et qu'il devient inutile de chercher si Eve est sortie d'une côte ou du côté d'Adam.

Il faut, dis-je, évidemment, reporter ces paroles à tout autre chose que ne le dit le sens du texte ; car, non-seulement elles font double emploi, mais même n'ont plus de sens.

Ceci étant admis, nous pouvons de même rechercher d'où ont pu provenir ces différences de mots de flanc et de côte, et nous le trouverons peut-être dans la substitution et confusion de trois mots : *flanc, côté et côte*. On pourrait alors la résumer tout entière dans un accent aigu oublié, sans toutefois pouvoir le garantir.

En effet, on sait que les traducteurs et les copistes peuvent facilement commettre quelques erreurs ; pourquoi n'admettrait-on pas alors que le mot original traduit conformément au texte primitif par celui de *flanc*, ait été rendu par un autre, par celui de *côté*, qui maintenait bien la même signification, mais qui, mal relevé par un copiste qui n'aurait pas remarqué l'accent aigu, y aurait par cela même substitué *côte*. Et cela très-innocemment. Petite faute qui se trouvant répétée par d'autres se serait propagée jusqu'à nos jours.

Mais nous le répétons : nous pensons qu'il faut abandonner ce chapitre deux aux auteurs qui ont écrit le *Paradis perdu*, et la *Divine Comédie*.

Puis vient ensuite cette remarque qui paraît avoir une plus haute portée que la précédente sans cependant en être beaucoup plus sérieuse pour cela.

C'est dans cette phrase qui nous fait dire : Notre Père qui êtes aux cieux, au lieu de dire : qui êtes dans la lumière.

Dieu est partout, cela est vrai ; mais la lumière nous vient d'en haut, de la partie que nous appelons ciel, ce qui à bien prendre dirait la même chose quoiqu'on puisse y faire une petite différence en ce que : notre Père qui êtes aux cieux, indiquerait qu'il y fait sa demeure et n'en sort pas, au lieu que la lumière descend sur la terre.

Mais encore quelle importance cela peut-il avoir s'il ne s'agit que de prier Dieu?

Puis cette petite question du grain de blé, qui meurt, ou ne meurt pas (Jean XII. 24), et qui pourtant ne devrait amener aucune espèce de discussion dans un sujet qui ne demande pas cette précision; car certes, cela ne peut avoir aucune portée sérieuse.

Cependant il est probable qu'en remontant assez loin on trouvera qu'il a été dit que ce grain doit *pourrir*, au lieu de dire *mourir*. Mais encore, à quoi cela peut-il être utile ici ?

Il ne nous reste plus alors que la question du filet de la pêche miraculeuse. Pour celle-là, nous ne nous sentons pas capable de la dénouer et nous craignons bien qu'il n'y ait qu'un nouvel Alexandre qui puisse la trancher.

Vous pouvez être bien certains que si vous voulez lire ainsi toute la Bible, à travers le trou d'une aiguille, vous n'aurez pas fini de la réviser pour la fin des siècles, et que cela ressemblerait bien plutôt à des recherches d'académiciens qui font des discours sans fin sur la pointe d'une épingle.

Croyez plutôt, messieurs les protestants, que la Bible ne peut pas se réviser, c'est-à-dire ne doit pas être revue, corrigée, augmentée ou diminuée selon notre fantaisie.

Mais qu'elle doit au contraire être soigneusement, et entièrement, conservée dans toute sa simplicité ; la respectant comme un monument des sciences de l'antiquité, auquel il ne faut pas toucher sous peine de le mutiler.

Et soyez bien persuadés qu'au fond de cette Bible qui est si étendue et si compliquée, on ne peut, et l'on ne doit en tirer et en conserver que la *prière*, car la parabole peut s'expliquer à l'infini.

Tenons-nous-en alors au seul Nouveau Testament, qui est lui-même le résumé de la Bible, le conservant également tel qu'il nous est parvenu, puisqu'il nous donne tout ce que nous pouvons désirer.

Autrement vous ne sortirez jamais d'une révision comme vous voulez la faire; vous y serez arrêtés à chaque pas.

Ainsi pour ne vous en citer qu'un article : comment sortirez vous de ce passage de la Genèse, où il est dit : que le premier, le second, et le troisième jour de la création, dans lesquels cependant on distingue un soir et un matin, ont pu exister sans soleil, sans lune et sans étoiles.

Sans vous rapporter ici ce que les commentateurs ont dit de ces sept jours de la création, nous devons penser plutôt que, s'il y en a quelques-uns qui se sont approchés de la vérité, les autres s'en sont entièrement éloignés et sont plus obscurs que le texte.

Et puisque vous avez fait un appel à la bonne volonté de tous ceux qui voudraient bien vous transmettre quelques avis, nous sommes autorisé alors à vous donner encore ce dernier, qui, seul, pourrait nous conduire à l'unification, et, par conséquent, à une Religion universelle.

Prions Dieu comme nous l'a enseigné Jésus-Christ, dont vous reconnaissez la divine mission.

Prions-le comme il nous l'enseigne dans son Nouveau-Testament, dans lequel il a résumé de l'Ancien tout ce qui pouvait nous être utile.

Et laissons l'Ancien dormir en paix, avec les hiéroglyphes égyptiens, sans chercher maintenant à en faire un sujet d'instruction pour les nouvelles générations, qui ne peuvent plus en tirer aucunes lumières qui soient utiles à l'avenir de nos sociétés modernes.

Croyez que ces conseils partent d'un cœur sincère, qui désirerait ardemment voir l'accord le plus parfait régner parmi les hommes, et qui est convaincu qu'on peut aussi facilement se mettre d'accord sur le culte que nous devons à Dieu que nous le sommes lorsque nous reconnaissons tous que le soleil nous éclaire.

Mais, hélas! les hommes y consentiront-ils jamais?...

II

Aux libres penseurs et aux savants, nous leur dirons : Nous sommes avec vous, car nous sommes de notre siècle.

Oui, nous avons le bonheur, si cela en est un, d'être du

petit nombre de ceux qui aiment la raison pure, et n'avons jamais pu nous décider à nous enrôler sous la bannière de Robert-Macaire.

Cependant, lorsque nous voyons qu'aujourd'hui ses disciples se partagent le monde, cela n'est pas fait pour nous faire aimer notre part.

Mais, bah ? la science a aussi ses petites consolations, lorsqu'on s'enferme en tête-à-tête avec elle.

Laissons donc, pour ce qu'ils valent, tous les Flouemann et Cie, grotesquement parés de leurs oripeaux, et revenons à notre sujet.

Au point où nous en sommes arrivés de notre discours, il nous est utile de dire maintenant quelques mots sur l'existence de Dieu, en suivant, le plus près possible, la pensée intime des anciens.

Cependant nous ne sommes pas assez orgueilleux pour avoir la prétention d'être à la hauteur d'un sujet aussi profond, mais nous espérons aussi ne pas être au-dessous de ceux qui l'ont déjà traité.

Puis nous le prierons instamment de bien vouloir nous assister dans cette tâche difficile et délicate, sur ce sujet, qui a déjà été traité par tant d'auteurs éloquents..

Nous commencerons par laisser dormir en paix ce qui n'appartient qu'à César, c'est-à-dire le sens figuré, et ne chercherons point à expliquer une énigme par une parabole, ce qui évitera, en même temps, l'inconvénient de produire la confusion dans l'esprit du lecteur.

Nous ne nous occuperons seulement que de ce qui se rapporte à Dieu (Luc, ch. XX, 25), et commencerons en disant :

Dieu, puissance céleste et incompréhensible, que les anciens ont déjà appelé de mille et un noms différents, sans cependant lui en donner un qui nous soit saisissable, est, d'après leur opinion, le principe de vie qui habite dans la lumière et qui se répand, avec ses rayons, sur tout le monde inférieur, en même temps qu'il rayonne dans l'immensité. Tout est inondé de ce principe vital qui anime tous les êtres de la création, depuis le règne minéral jusqu'au règne animal à tous les degrés. Tout en est pénétré dans la nature, car il est esprit et intelligence.

Notre siècle, qui a aussi sa science et ses découvertes, n'a fait, en cela, qu'ajouter à tout ce qui avait été dit dans les siècles passés.

Si Dieu n'y est plus appelé vie, lumière ou intelligence, il y est appelé électricité, magnétisme, spiritisme, etc., ce qui, à bien prendre, ne serait que différence de mots ; car, assurément, Dieu est un peu de tout cela, sans que nous ayons la prétention de dire exactement ce qu'il est, pas plus nous que qui que ce soit au monde.

Mais aussi, de ce que nous ne pouvons pas le définir entièrement, gardons-nous bien de conclure par une négation.

Car, où en serions-nous, si nous voulions nier tout ce que nous ne comprenons pas ?

Quel est celui de nous qui comprend l'électricité ? cependant personne aujourd'hui ne peut nier qu'elle est réelle.

Comprenons-nous davantage notre existence ? et pourtant nous ne pouvons faire autrement que de reconnaître que nous sommes en vie.

Nierons-nous davantage la vie et la mort dans les animaux, dans les végétaux et dans certaines productions du règne minéral ?

Non, nous devons toujours nous arrêter sur le seuil de l'abîme, et nous contenter souvent de croire, sans cependant comprendre, en nous résignant à nous en tenir dans la limite que Dieu nous a lui-même imposée.

Sans doute la science a fait de belles découvertes, de merveilleuses découvertes même, si vous le voulez ; mais encore, lorsqu'il s'agit de comparer nos découvertes humaines avec la science de Dieu, c'est-à-dire la nature, nous sommes toujours contraints de reconnaître que nous savons encore bien peu de chose, et que notre organisation matérielle absorbe bien notre esprit, puisque nous ne comprenons encore rien à cette intelligence ouvrière qui, cependant, ne se cache pas pour travailler, puisqu'elle opère tous les jours sous nos yeux.

Il est vrai que nous savons beaucoup détruire, beaucoup désorganiser, beaucoup analyser, mais nous sommes toujours arrêtés à la limite que Dieu nous a imposée, puisque nous ne savons rien organiser.

Au contraire, dans nos alambics, aussi perfectionnés qu'ils

soient, nous ne saurions pas organiser la moindre plante ni le moindre insecte, même de l'ordre le plus inférieur.

Ne disons donc pas, avec un orgueil ignorant, que la science peut tout... et que la nature n'a plus de secrets pour elle; car, où en serions-nous si Dieu nous abandonnait, même aux merveilles de la science ?

Notre science, notre raison ? avez-vous quelquefois cherché à approfondir ce qu'elles peuvent, même toutes les deux à la fois ?

Avez-vous quelquefois réfléchi que, sur mille inspirations qu'elles nous donnent, il n'y en a pas régulièrement une qui surnage au naufrage des autres ? C'est pourtant ce qui nous arrive tous les jours.

Il en est de cela comme de notre adresse sur les champs de bataille, d'après les statistiques de la guerre qui établissent qu'il n'y a qu'un homme tué sur mille balles tirées.

La nature, elle, au contraire, ne se trompe que lorsqu'elle est empêchée, et c'est bien d'elle qu'on peut dire qu'elle est infaillible.

Revenons alors tout simplement à reconnaître humblement qu'au-dessus de nos volontés humaines il y a une volonté suprême à laquelle toutes les nôtres sont obligées de se soumettre.

Que Dieu gouverne le monde et que nous sommes tous soumis à sa puissance incompréhensible.

Aux libres penseurs et matérialistes, nous dirons intime-ment : Si vous admettez la définition de la Divinité ainsi que nous venons de vous la présenter, quoi donc de plus naturel que l'homme puisse se mettre en rapport direct avec Dieu, soit par la pensée, soit par la prière. Étant admis que Dieu soit la vie infuse dans la nature, puisque tant que nous sommes en vie nous participons directement à cette émana-tion vitale, mais plus ou moins absorbée par notre matière corporelle, qui est notre forme.

Admettons donc que, par notre libre arbitre, nous pouvons nous mouvoir en tous sens sur la terre, dont nous sommes entièrement détachés.

Et que notre intelligence a aussi le moyen de se mettre en

rapport avec Dieu, pour le solliciter en notre faveur par la prière.

Sans cependant vouloir prétendre qu'il transgresserait ses lois naturelles et fondamentales que les anciens appelaient destin ou fatalité, pour le simple plaisir de nous être agréable.

Mais enfin, nous pouvons espérer qu'il nous exaucera, lorsque ce que nous lui demanderons sera raisonnable ou possible.

« Frappez et l'on vous ouvrira, » a dit Jésus-Christ.

III

Maintenant que nous avons répondu à l'appel des protestants selon le fond de notre conscience, et que nous nous sommes entretenu quelques instants avec nos amis les savants et les libres penseurs, nous solliciterons encore quelques moments d'attention pour dire aussi notre pensée à tous nos frères, les catholiques.

Pour nous, catholiques plus ou moins fervents, qui désirons aussi un peu plus de jour dans nos aspirations religieuses, la tâche doit être facile, puisque, pour satisfaire à tout ce que nous demandons et proposons, nous n'avons qu'à nous en tenir simplement aux recommandations de notre divin maître et seigneur, Jésus-Christ, qui nous a transmis sa doctrine par ses disciples, doctrine aussi simple qu'admirable.

Nous n'avons, pour cela, qu'à nous en tenir au Nouveau-Testament, non corrigé et non augmenté, mais bien tel que la tradition nous l'a conservé.

Oui, Jésus-Christ, véritable lumière du monde, nous fut bien envoyé par Dieu pour remettre les hommes dans le droit chemin. Lui seul fit bien tous ses efforts pour mettre la lumière sur le chandelier; mais il avait affaire à de rudes adversaires, fins et rusés.

Les Scribes et les Pharisiens ne voyaient pas sans un aigre dépit les admirateurs que ses sages doctrines lui attiraient.

Aussi, toutes les ruses étaient-elles employées pour le perdre et s'en débarrasser, et cela jusqu'à ce qu'enfin il fut contraint de succomber.

Mais, cette fois, Satan n'eut pas une victoire complète, car à l'homme qu'ils avaient fait mourir survécut sa doctrine, qui, n'étant plus concentrée dans un seul homme, put se répandre par les prédications des apôtres.

Les persécutions entreprises par les légions infernales continuèrent de même à sévir sans relâche contre les successeurs de cet homme divin; mais ils étaient déjà assez nombreux pour ne plus craindre un anéantissement complet, ce qui permit à sa morale de se répandre et à la tradition de nous la conserver.

Parcourons donc ensemble quelle était cette doctrine que les hommes ont tant compliquée et si bien embrouillée, dans la suite des siècles, qu'aujourd'hui lui-même ne la reconnaîtrait plus, s'il revenait parmi nous, et tâchons de la ramener à la simplicité dans laquelle il nous l'avait remise, ce qui nous sera facile en nous en tenant au Nouveau-Testament, qui la contient tout entière et auquel nous n'avons qu'à nous conformer.

Aimer Dieu par-dessus toutes choses, et son prochain comme soi-même.

Ne pas faire aux autres ce que nous ne voudrions pas qu'on nous fît.

Pardonner à nos ennemis.

Donner à celui qui nous demande.

Secourir les malheureux.

Et autres choses semblables.

Préceptes simples et admirables, que les hommes auraient dû avoir tous gravés dans le cœur, sans qu'il fût nécessaire de leur en faire une loi. Mais encore, pourquoi ne s'en est-on pas tenu simplement à les mettre en pratique au lieu de s'en éloigner et de les remplacer même par d'autres.

Pourquoi ces mystères et ces dogmes? Pourquoi enfin avoir tant compliqué ce qui, dans l'origine, était si simple, et cela jusqu'à ce qu'enfin on ne puisse plus en supporter le poids?

Questions que nous nous contentons de poser, laissant à d'autres le soin d'y répondre.

Mais enfin, Dieu ne demande pas la perte du pécheur, mais bien sa conversion, nous dit Jésus-Christ.

Appliquons-nous alors à mettre en pratique ses ordres divins. Élevons la génération actuelle avec ces nobles sentiments ; tâchons de lui en faire pratiquer les préceptes, et montrons-lui que c'est par ce seul moyen qu'on peut régénérer notre état social qui, aujourd'hui, est tombé si bas.

Puis faisons descendre de son piédestal cette statue du veau d'or, si pernicieuse pour notre salut, tant moral que physique.

Et les générations futures pourront enfin jouir d'une véritable harmonie sociale, qui peut seule conduire à la vraie fraternité, cette fraternité que le Christ aurait désiré si ardemment pouvoir établir entre les hommes.

Combien n'a-t-il pas eu à souffrir de voir que leur mauvais vouloir les empêchait de comprendre que c'était là le véritable bonheur. Combien de fois ne se plaint-il pas de leur méchanceté et de leur fourberie.

A chaque pas son bon cœur se révolte et il ne peut se retenir de le soulager quelquefois, comme on le voit d'une manière plus marquante dans le Ch. XXIII de saint Mathieu, où il montre aux hommes toute leur hideur, chapitre qu'il termine enfin par ce trente-septième verset où il gémit contre Jérusalem dont il aurait désiré rassembler les enfants comme une poule rassemble ses petits sous ses ailes. Et désespéré, termine en disant : Mais tu ne l'as pas voulu !

Et plus loin, dans saint Luc (Ch. IX, 41), il aspire après le jour où il pourra se séparer des hommes.

Ailleurs c'est avec un profond soupir qu'il dit à ses disciples en les voyant prêcher sa morale si douce et si sage : « Prenez garde, car je vous envoie comme des brebis au milieu des loups. » Citations qu'il est inutile de multiplier ici puisque chacun est sensé les connaître.

Hélas ! si un tel maître n'a rien gagné sur nous, que pourrions-nous nous-même maintenant que l'ivraie couvre tout le bon grain.

Cependant si l'on venait à s'entendre... Que dirait Satan ?...

IV

Après avoir examiné en quelques mots ce que Jésus-Christ conseillait aux hommes pour être heureux dans leur état social, il nous faut rechercher aussi ce qu'il nous commande pour avoir la paix avec Dieu et en obtenir toutes choses.

Ses commandements en cela ne sont pas plus compliqués que ses préceptes sociaux, puisque toutes nos prières envers la divinité peuvent se résumer, nous dit-il, à ce que nous trouvons dans saint Luc au Ch. XI, où il nous dit de prier en ces termes :

Lorsque vous prierez, dites : « Père, que votre nom soit « sanctifié ; que votre règne arrive ; que votre volonté soit faite « en la terre comme aux cieux. Donnez-nous aujourd'hui « notre pain de chaque jour, et remettez-nous nos offenses, « puisque nous remettons nous-mêmes à tous ceux qui nous « sont redevables, et ne nous induisez point en tentation. »

Eh bien, oui vraiment, voilà tout ce qu'il nous commande pour obtenir de Dieu qu'il ait compassion de nos misères, et qu'il vienne à notre secours lorsque nous sommes en détresse.

Ajoutant seulement dans saint Mathieu (Ch. VI, 8.) : Votre Père qui sait bien d'avance ce qu'il vous faut ne demandera pas mieux que de vous l'accorder ; nous en donnant pour principale preuve dans saint Luc (Ch. XI, 11, 12, 13.) que si nous, méchants comme nous sommes, donnons pourtant à nos enfants ce qu'il nous demandent, à plus forte raison, Dieu qui vaut mieux que nous, saura bien aussi nous donner le nécessaire.

Nous trouvons encore dans ses enseignements que Dieu ne nous demande pas de prier plutôt dans un lieu que dans un autre, mais qu'il estime davantage cependant la prière faite en secret.

Pour lui, c'est principalement au désert qu'il se retirait lorsqu'il voulait prier. (Saint Luc, Ch. V, 16.)

Ainsi dans saint Marc (Ch. XI, 17), saint Luc (Ch. XIX, 46, etc.) il chasse les marchands du temple parce que ce lieu est réservé pour la prière.

Mais cependant dans saint Mathieu (Ch. VI, 5, 6, 7, il recommande de préférence de s'enfermer en secret.

Ainsi, prions en secret, prions au désert ou prions au temple, il sera toujours avec nous (saint Mathieu, Ch. XXVIII, 20.) et Dieu nous accueillera toujours favorablement.

Toutefois, de ce que Jésus-Christ ne nous a désigné que le *Pater* pour seule et unique prière, il ne faut pas en conclure qu'on ne doive pas en sortir, loin de là : cela veut nous dire que le *Pater* suffit pour honorer Dieu, mais il faut penser qu'il priait aussi pour lui, même lorsqu'il s'en allait prier au désert.

Ainsi donc renfermons-nous dans la prière pour nos rapports avec Dieu. Et là, demandons lui humblement tout ce dont nous avons besoin, et ne nous permettons jamais aucune appréciation malsonnante vis à vis ceux qui ne prieraient pas comme nous.

Puis, laissons chacun y ajouter tout ce qu'il lui plaira de pratiques extérieures, sans nous croire obligés de les imiter, mais que cela leur soit personnel, car si Jésus-Christ n'en a ordonné aucune, on ne voit pas non plus qu'il les ait défendues. Alors tant qu'elles ne peuvent nuire à personne, ne nous permettons pas de les critiquer.

Que Dieu soit appelé de soixante-douze noms différents par nous, catholiques, ou qu'il soit appelé Allah, Bouddha, Jupiter ou Démagorgon, etc., c'est toujours à la volonté puissante qui gouverne le monde que nous nous adressons.

Mais aussi en laissant à chacun le libre exercice de ses croyances religieuses, défendons nous énergiquement contre ceux qui seraient disposés à nous contraindre de les suivre dans leurs superstitions, et soyons toujours prêts à leur rappeler que le fanatisme est le pire de tous les maux, que lui seul a répandu plus de sang sur la terre que les plus abominables guerres, que nous n'en voulons pas et le condamnons absolument, ne pouvant provenir que d'un possédé ignorant ou d'un misérable gredin.

Voici sur ce sujet une toute petite histoire qui nous montrera en deux mots jusqu'où peut aller le fanatisme italien :

On raconte qu'un brigand venant d'assassiner son homme pour le dévaliser, et ne pouvant pas vivre avec un tel fardeau sur la conscience, s'en fut de suite à la ville la plus proche pour s'accuser de son crime et en recevoir l'absolution.

Il s'adressa directement au confessionnal de la première église qu'il rencontra sur son chemin et se dépêcha de raconter ses crimes. Le prêtre les trouva si monstrueux qu'il lui en refusa l'absolution. Notre homme, au désespoir, ne voit pas d'autre moyen que de tuer aussi ce confesseur si rigide, et sans perdre un instant, court au confessionnal suivant raconter à ce second confident, non-seulement ses premiers crimes, mais naturellement aussi le dernier. Vous comprenez facilement que ce nouveau confesseur, tout ému de ce dernier assassinat, s'empresse de lui donner de suite rémission et absolution pleines et entières. Après quoi, ce fanatique se retire la conscience aussi légère qu'elle était tourmentée quelques instants auparavant.

V

Si ce n'était point par un dévouement véritablement sincère que nous ayions pris la plume pour communiquer à nos frères de tous les pays quelques vérités que nous regardons comme dignes de méditations approfondies, nous eussions fait comme Fontenelle, et nous nous serions bien gardés d'ouvrir la main au lieu d'étendre notre discours jusqu'à dire aussi notre sentiment sur nos mystères et dogmes religieux. Cependant, comme tout ce que nous avons dit jusqu'alors serait incomplet si nous passions ces principaux articles de foi sous silence, nous allons maintenant en toucher quelques mots.

Toutefois, je l'avoue, en présence de ces sphinx, je ne sais... ou plutôt, non, car l'histoire nous dit que le sphinx dévorait celui qui ne le devinait pas... et je voudrais bien ne pas être dévoré... Vais-je reculer?... Vraiment la femme est bien belle!... Mais si j'ai le malheur qu'elle me propose une énigme, comment sortir si je ne la devine pas? Mais non, je puis avancer franchement, puisque le monstre, je veux dire la belle, s'est brisé le crâne lorsqu'OEdipe lui eut dit le mot fatal, qui était l'*homme*. Quelle triste fin!... J'aime à croire qu'il ignorait le sort qui lui était réservé. Pauvre femme ! Mourir si jeune et surtout si belle !

Quatre pieds le matin, deux à midi et trois le soir... Voyez alors comme j'aurais été pris, je veux dire dévoré. Mais dévoré par une jolie femme est au moins une consolation...

Heureusement pour Œdipe, de son temps nos mystères n'étaient pas encore inventés ; alors, il n'était pas obligé d'en parler, lui. Pourquoi aussi ai-je promis d'en dire ici quelques mots ? car enfin, rien ne m'y obligeait. Et puis, Œdipe n'est plus là pour me venir en aide. Enfin, je vais tâcher. C'est égal, malgré que le mot *homme* ait réussi, ce qui doit prouver qu'il est juste, j'aurais pensé vraiment que ce n'était pas tout à fait cela. Enfin, laissons là le sphinx qui n'est plus, pour revenir au présent, je veux dire à nos mystères, et à notre loi fondamentale, le Nouveau-Testament, car lui seul peut nous tirer d'embarras. Voici où j'en étais de mes réflexions lorsque j'ouvris ce livre. Mais, ô bonheur ! ô surprise ! Voyez comme Dieu nous favorise ! Le Nouveau-Testament, qui mentionne tous les miracles de Jésus-Christ, ne dit pas un mot des mystères ni des dogmes. Alors je respire... car si Jésus-Christ n'en a pas parlé, nous n'avons pas besoin d'expliquer ce qu'il a voulu dire. Et nous disons même plus, c'est que, lors même que nous le voudrions, évidemment cela nous serait impossible. Il faut donc comprendre que ces dogmes et ces mystères ne sont plus que l'œuvre des hommes venus après lui. Mais alors, si ces deux articles de foi ne sont plus que d'institution humaine, non-seulement cela nous dispense de les examiner, mais cela nous dispense aussi d'y croire. Et cette croyance doit rester entièrement facultative, et être laissée à la libre appréciation des fidèles.

Mais il n'en est pas de même des miracles, Jésus-Christ les produit au grand jour ; non-seulement au milieu des peuples, mais encore devant les Scribes, qui étaient les plus instruits, ainsi que devant les Pharisiens, qui étaient ses ennemis, leur disant sincèrement qu'il avait reçu ce pouvoir de Dieu même.

Cependant, il peut transmettre ce pouvoir à ses disciples, qui, n'ayant déjà plus les mêmes prédispositions que lui, ont aussi moins de puissance, puisque dans saint Luc (ch. IX,

41, 42, 43), on lui amène un pauvre convulsionnaire que ses disciples n'ont pas pu guérir, mais que lui guérit aussitôt.

Croyons alors à ses miracles sans prétendre, toutefois, y obliger les autres, puisque Jésus-Christ ne l'a pas commandé. Mais gardons-nous aussi de condamner ceux qui ne pourraient pas y croire, et cela parce qu'il n'a pas dit : Que ceux-là qui dans les siècles futurs ne croiront pas que je fais des miracles aujourd'hui, ceux-là seront damnés. Au contraire, il répond simplement à Thomas, dans saint Jean (ch. XX, 29), qui avait dit qu'il voulait voir avant de croire : « Vous avez cru, Thomas, parce que vous avez vu : heureux ceux qui ont cru sans avoir vu. » Il parle au passé et ne condamne personne. Ainsi donc, croyons à ses miracles, et laissons dormir les dogmes et les mystères avec les sphinx égyptiens et les divinités du paganisme, etc., auxquels en cherchant bien on trouverait souvent quelques emprunts, laissant à ceux-là seuls que cela peut intéresser à secouer cette poussière séculaire pour en tirer les lumières qu'ils croiront pouvoir leur être utiles.

Mais ceux-là qui les ont établies y consentiront-ils ? Jésus-Christ nous dit que non dans saint Mathieu. (Ch. XXIII, 4, 5, 6, 7.)

Cependant, il n'y a qu'en nous faisant des concessions réciproques que nous parviendrons à nous rapprocher assez pour ne plus chercher à nous exterminer.

Voyons, vous qui liez des fardeaux pesants pour les faire porter aux autres, et qui ne voulez faire aucune concession aux sollicitations des peuples, comprenez au moins que le temps de l'obéissance passive est passé, et qu'il est nécessaire de faire quelques pas dans la voie que trace le progrès, si vous tenez à ne pas vous trouver bientôt seuls vis-à-vis de vous-même.

Prodiguez plutôt les sermons sur la montagne (saint Mathieu, ch. V, VI, VII), et les hommes qui pensent vous reviendront.

Enfin, ne craignez-vous pas qu'un jour on ne vienne vous dire : Eh bien, puisque vous êtes les héritiers du Christ,

Montrez-nous la multiplication des pains,

Changez-nous cette eau en vin,

Rendez la vue aux aveugles,

Ressuscitez les morts, etc., etc.,

Car l'héritier doit posséder l'héritage du maître.

Alors, à cette demande impérieuse, vous seriez bien obligés de faire la même réponse qui fut faite naguère, lorsqu'il s'agissait de renoncer à quelques possessions terrestres : *non possumus.* (Jean, XVIII, 36.)

Mais encore vous devriez ajouter : hélas, alors même que cela nous serait possible, nous nous garderions bien de le faire, car les rusés et les jaloux ne sont pas moins nombreux aujourd'hui que ne l'étaient les Scribes et les Pharisiens au temps de Jésus-Christ, et comme nous ne nous sentons point de dispositions à le suivre sur le Calvaire, nous préférons nous abstenir.

Ainsi donc, croyez-nous, marchez hardiment dans cette voie simple et facile, et les divisions cesseront.

Mettons-nous en rapport avec Dieu par la prière.

Aimons notre prochain comme nous-même.

Croyons que Jésus-Christ pouvait faire des miracles,

Et ne damnons personne.

Ce qui est le résumé de tous les commandements qu'il nous a laissés dans son Nouveau-Testament.

Mais hélas ! lors même que vous reconnaîtriez qu'il est utile de faire dans cette voie quelques concessions à l'opinion publique, sous peine de voir le vide se faire autour de vous, devons-nous espérer que vous le ferez ?

. . . .

— Non.

Cependant, la vérité est une.

L'AVENIR SOCIAL

L'AGE D'OR

I

O vous, Républicains universalistes et sincères, qui désirez
et recherchez le bonheur de tous, et voudriez que chacun
puisse trouver sa place au banquet social, que de difficultés à
vaincre, que d'obstacles à renverser pour arriver à votre but !

Mais ne vous faites pas plus longtemps illusion; car ce que
vous rêvez est aussi impossible aujourd'hui que cela l'a été
jusqu'à nos jours, et vous vous heurterez toujours contre le
mauvais vouloir des hommes. Les uns parce qu'ils ont intérêt
à ce que les choses restent comme elles sont, et, les autres
parce qu'ils ne voient pas ce qu'ils auraient à gagner à secouer
leur indifférence.

L'âge d'or, étrange jeu de mots, puisque ce nom est préci-
sément donné à un temps, et à un lieu où l'or n'était pas plus
estimé que les autres métaux.

L'âge d'or, nom donné à un temps parabolique, et à un
peuple idéal qui ne pratiquait que la vertu et méprisait nos
sociétés soi-disant civilisées.

Qu'ils étaient heureux ces peuples qui ne connaissaient ni
le veau d'or, cette pomme de discorde jetée par Satan sur la

terre, ni la perfide envie qui mine le cœur de notre malheureuse humanité, ni l'insatiable avarice, ni enfin aucuns des vices dont nos sociétés débordent.

Mais qui, étant assez sages pour aimer la vertu, vivaient heureux sur la terre dont ils tiraient comme d'une bonne mère des trésors infinis en productions abondantes de toutes sortes.

Et ce qui faisait qu'ils y vivaient heureux c'est que dans cet idéal ils savaient ne désirer que ce qui leur était nécessaire pour satisfaire à leurs simples besoins. Là, le superflu y était regardé comme chose inutile.

Mais aussi, quelle grande compensation ils trouvaient en retour : le besoin, la gêne et la misère y étaient inconnus ; l'amitié n'y était point un vain mot, et la fraternité y régnait absolument.

Qu'ils avaient bien raison ces peuples aux mœurs simples, non-seulement de dédaigner les luxes de nos sociétés modernes, mais encore d'en appréhender jusqu'à l'approche, ayant soin au contraire de se tenir dans un lieu à l'écart.

Certes, ce petit coin de l'idéal n'avait été habité que par cette fraction de sages sur lesquels les légions de Satan n'eurent aucune influence lors de leur invasion sur la terre. Malheureusement que pouvait seule cette petite fraction de sages au milieu des habiles et des stupides dont elle était environnée ? Elle devait être bientôt débordée et disséminée sans espoir de retour. C'est ce qui arriva.

Aussi ne rencontre-t-on que de loin en loin quelques-uns des descendants de ses anciens habitants, ballotés sans cesse par la tourmente sociale au milieu de laquelle ils n'ont jamais pu se reformer.

Oh ! qu'il est loin ce temps d'innocence et de bonheur ! ou plutôt que nous sommes loin d'avoir jamais approché de cet idéal rêvé par les poëtes.

Mais au moins puisque notre matérialisme nous a toujours empêchés d'en faire notre modèle, que n'aurions-nous pas dû tenter pour éviter d'en arriver à pratiquer tout le contraire ; car aujourd'hui on peut le dire, le véritable sentiment fraternel n'est plus qu'un vain mot, non-seulement vis-à-vis notre prochain, mais encore entre frère et sœur.

Oui l'implacable intérêt personnel qui n'admet aucun accommodement, diviserait même jusqu'à notre individualité si elle était divisable. Aussi que ce proverbe a bien raison de dire qué quelquefois l'amitié nous unit, mais que toujours l'intérêt nous divise.

II

Ne vous semble-t-il pas comme à nous que c'est pour nous punir de tous nos crimes, et de tant d'infamies que Dieu nous a conduits, pour abaisser notre orgueil, à déclarer la guerre à notre ami de la veille et cela avec la légèreté qui nous caractérise.

L'empereur, qui le premier avait jeté un défi à Dieu lui-même, en se faisant décréter éternel, est la première cause des malheurs qui nous accablent.

En vérité, ne croit-on pas rêver en pensant qu'en plein dix-neuvième siècle, nous en soyions venus à nous faire une aussi implacable guerre que celle que nous venons de terminer contre les Prussiens.

Quand je dis terminer, je veux dire subir, avec tous ses désastres et toutes ses conséquences.

Effroyable puissance de la justice divine. Voilà où peuvent nous conduire des hommes d'État sans prévoyance.

Que cela au moins serve de leçon aux conquérants de l'avenir. Qu'ils sondent enfin la profondeur des maux qu'ont causés leurs prédécesseurs. Que cela les rende à la lumière, afin qu'ils puissent comprendre qu'ils ne sont que des fléaux à jamais maudits, non-seulement par tous ceux qui expirent sur les champs de bataille, mais encore par ceux qui les aimaient et qui restent après eux.

Il faut donc qu'un souverain soit bien insensé pour pouvoir ainsi en connaissance de cause prendre la détermination de porter devant lui, et tout autour de lui le massacre, l'incendie, la dévastation et le désespoir.

Un duel dans lequel le plus fort a toujours raison. Quelle belle morale !

Un duel dans lequel des hommes qui souhaiteraient se

donner la main, doivent au contraire troquer leur nature humaine contre des instincts assez féroces pour se déchirer et s'exterminer sans merci.

Un duel enfin, qui ne se termine que derrière des montagnes de cadavres !

Pendant ce temps, que de douleurs morales endurent ceux qui ont des leurs engagés dans ces terribles chocs.

Pensez donc conquérants que, derrière chacun de ces cadavres il y a une mère, une épouse, une fiancée, un frère ou une sœur qui restent sur cette terre livrés au désespoir, et que vous n'avez pour vous que la joie de Satan ricanant d'aise en voyant nos sottises, en contemplant ces corps mutilés, brisés, broyés, répandus sur le lieu du carnage, tout couvert de sang et de boue. Horreurs capables de donner le vertige à tout homme jouissant de toute sa raison.

Qu'il a éloquemment traduit ces pages infernales, cet artiste ingénieux qui, dans un cadre simple a représenté une des victimes de ces hécatombes, et au bas duquel il n'a mis que ces simples mots: « Sa mère l'attend ! » Pauvre fraternité où est-elle donc ? Oh ! bien loin sans doute, depuis qu'on s'en sert si peu.

Et puis est-il bien certain que Dieu vous permette de disposer ainsi de l'existence et de l'avenir de milliers de vos frères.....?

Nous ajouterons même encore puisque l'occasion se présente : le magistrat lui-même est-il bien convaincu que Dieu l'autorise à commettre un meurtre pour punir un crime.

Ne vaudrait-il pas mieux punir le coupable autrement, et le laisser au contraire devant Dieu qui le regarde et l'interroge ?

. . . .

Qui aurait pu vraiment s'arrêter à l'idée que des peuples aussi civilisés que les Français et les Allemands en seraient venus sérieusement aux mains, après le commencement de cette ère nouvelle qu'avaient inaugurée les chemins de fer, les télégraphes électriques et les traités de commerce.

Ère grande et gigantesque qui devait unifier le monde, et créer des relations internationales si fermes et si puissantes que rien n'aurait dû les suspendre dans l'avenir.

Mais non, là comme ailleurs, si les idées sont grandes les hommes restent petits. Il semble qu'ils ne comprennent pas même la grandeur de leurs œuvres, que le moindre caprice peut leur faire détruire.

Oui, quelquefois de grandes conceptions, puis à côté toujours des hommes, ou plutôt toujours le mal, toujours Satan.

Toutefois nous voulons bien avoir l'air de faire quelque chose pour notre solidarité mutuelle, qui cependant n'est encore que de l'égoïsme déguisé.

En effet, que signifient ces mille et une petites sociétés privées dans lesquelles les sociétaires se condamnent à ne se mouvoir que dans le cercle étroit qu'ils se sont tracé ; que signifient toutes ces petites personnalités qui consentent à ne vivre et mourir que fatalement selon leur constitution.

Quel résultat heureux cela peut-il amener, où cela peut-il nous conduire ? Pour notre part nous ne le comprenons pas.

Pourquoi toujours vouloir rechercher l'absolu dans nos organisations humaines, puisque cet absolu ne peut exister que pour Dieu et la nature, et jamais pour ce qui vient des hommes.

Quel en est le but alors, sinon que chacun voit dans ces petits moyens l'espoir de se faire soutenir aux dépens des autres ; mais à coup sûr, sans aucune espèce de confraternité.

Et puis, quel avantage encore peut-on espérer de vouloir ainsi tout réglementer quand même ? Et que n'a-t-on pas réglementé jusqu'à ce jour ? en attendant, sans doute, que, dans un temps plus ou moins proche, on ne vienne nous dire aussi à quelle heure, minute et seconde nous devrons éternuer et bâiller.

Heureux encore si on nous laisse le nez et la bouche libres pour respirer sans être obligés de demander permission ; et puis, on peut quelquefois avoir besoin de crier, quand cela ne serait que : *Au voleur !*

Aussi, à force de faire des lois, décrets et règlements, nous en serons bientôt réduits à ne plus savoir où mettre le pied, dans la crainte de le poser sur quelque fragment constitutionnel.

Oh ! nos pères, comment avez-vous pu vivre heureux sans toutes ces paperasseries inutiles ? Évidemment vous ne possédiez que l'ombre du bonheur.

Mais, ce qu'il y a de plus triste et ce qu'il faut cependant reconnaître, c'est que toutes ces lois et toutes ces réglementations servent très-peu aux hommes honnêtes, francs et loyaux, qui, eux, ne discutent jamais leur parole.

Mais il n'est pas rare de voir, devant les tribunaux de commerce, les juges dire à l'une des parties : « Monsieur, vous êtes un fripon ; mais je vous donne raison parce que vous avez la loi pour vous. »

Oui, les habiles savent bien, eux, se mettre à l'abri de la loi ; ils s'en servent, au contraire, avec une dextérité sans égale pour enlacer bien soigneusement leurs victimes dans ses anneaux infinis, afin d'être bien certains qu'elle ne pourra leur échapper.

Aussi, pour Dieu, encore une fois, beaucoup moins de lois et un peu plus de loyauté.

Si cependant nous voulions en croire les légitimistes, il y aurait un moyen bien simple de remédier à tous nos maux : ce serait simplement de faire franchement demi-tour en arrière vers les siècles passés, de rétablir le droit d'aînesse, avec les couvents pour y remettre les cadets et les filles, qui, une fois sous clef, ne se permettraient pas la moindre observation, et tout pourrait ainsi rentrer dans la paix la plus absolue.

Mais cependant je me permettrai d'observer que, pour faire admettre et accepter ce retour vers ces temps ténébreux, il serait nécessaire, il serait indispensable même, de briser toutes les presses, car si ces foyers incendiaires continuaient, comme aujourd'hui, à lancer leur pétrole sur la société et à tenir chacun au courant de ce qui se passe et de ce qui se dit, vous ne pourriez jamais les tenir sous les verrous.

Et puis, que faire de la génération actuelle qui a connu la liberté ? Car enfin nous n'avons plus le Léthé pour l'y plonger et lui faire oublier le passé.

Et, d'autre part, on ne peut pas toujours charger les soupapes d'une chaudière à vapeur sans qu'un beau jour, enfin, elle ne vienne à faire explosion; et l'on sait combien elles sont terribles ces explosions, lorsque la pression en est montée à un certain nombre d'atmosphères.

Non, nous croyons sincèrement que ce ne serait pas pratique, comme disent les Anglais, et que ce serait encore mettre l'emplâtre à côté du mal.

Ramener le passé, ce passé de maîtres et de serviteurs, non, vous n'y pensez pas, car on ne voit nulle part, dans la nature, qu'on fasse remonter un fleuve à sa source.

Mais on voit, au contraire, que partout on le laisse couler.

Eh bien ! il faut aussi, aujourd'hui comme toujours, laisser passer le fleuve et simplement le suivre.

Aujourd'hui les maîtres et les serviteurs sont remplacés par les parvenus et les malheureux. Le nom seul a changé; cela ne suffit pas.

Il faudrait pour l'avenir et pour éteindre à jamais cette haine implacable du malheureux contre le privilégié, ne plus faire de malheureux.

Pour cela, il ne faut pas que la vie soit chère et que les salaires soient insuffisants. Il est de toute nécessité qu'au moins l'un et l'autre s'équilibrent.

L'avenir et la paix sont dans vos mains : à vous de choisir.

Il faudrait enfin qu'on puisse chanter, avec ces gais habitants de l'Auvergne : « Nous n'étions ni hommes ni femmes, nous étions tous Auvergnats, » c'est-à-dire tous frères.

Comprenez plutôt, messeigneurs, que, sous chaque enveloppe humaine, il y a un cœur plus ou moins ardent, mais qui est, à coup sûr, bâti pour le bien-être et pour la liberté.

Cherchons, au contraire, à ne rien faire pour aigrir ce cœur et provoquer les haines et les vengeances de nos semblables. Veillons avec soin à leur venir en aide, et nous verrons bientôt qu'au fond il y a du bon dans notre individu.

Que les masses, de leur côté, ne confondent pas la discipline, qui représente l'union et la force, avec l'obéissance passive, qui est le servage. Il y a un abîme entre ces deux mots.

Et sachons, en toute chose, nous arrêter à temps pour ne jamais dépasser une certaine limite qui s'appelle le bien; car, du sublime au ridicule il n'y a qu'un pas, disent les uns.

Faut de la vertu, pas trop n'en faut, diront les autres.

Contentons-nous d'un état moyen et relatif, auquel il faut arriver progressivement, en suivant le cours de nos aspirations sociales, sans chercher la perfection, c'est-à-dire l'absolu.

Car l'absolu n'existe que pour Dieu, ce dont nous avons un exemple sous la main tous les jours, dans un grain de blé, qui, depuis six mille ans, n'a pas varié.

III

Que ne pourrions-nous pas dire, si nous voulions mentionner, même en abrégé, un petit coin des vices où notre société s'alimente; si l'on voulait passer la révision de tous ces hommes couverts de soie, de satin, de velours et d'hermine. Ce n'est pas pourtant qu'ils ne prennent point soin de parer pompeusement le dehors de la coupe.

Mais ils ont oublié le principal, qui était de commencer par l'intérieur; aussi c'est bien d'eux qu'a parlé Jésus-Christ, en les appelant des « sépulcres blanchis. »

Cependant, si quelquefois il nous prenait un remords et que nous reconnaissions enfin qu'il est temps de faire quelque chose pour le mérite et la vertu, ce serait de commencer par vouloir tout ce qui est nécessaire pour en arriver là.

Ainsi, il ne faudrait plus qu'une honnête femme, qu'une honnête fille en soient réduites à se laisser aller au découragement, au suicide ou à la dépravation, parce qu'il n'y a point de places pour elles au travail commun.

Il ne faudrait pas qu'un propriétaire sans cœur abuse de ses priviléges et de la loi pour prendre à son locataire le peu qui lui reste et le plonger dans la misère.

Il ne faudrait pas qu'un capitaliste sans entrailles ait le cœur assez endurci pour déposséder brutalement l'homme intelligent qu'il commandite, sans avoir égard aux circonstances imprévues qui peuvent l'embarrasser, ne voyant absolument que son droit dans toute sa rigueur.

Il ne faudrait pas encore que le magistrat punisse impitoyablement le malheureux qui aura dérobé un peu de pain pour donner à manger à ses enfants qui ont faim, et reste indifférent devant ces fortunes rapides qui font pâlir le soleil par la rapidité avec laquelle elles se sont élevées.

Il ne faudrait plus enfin qu'un honnête homme ne puisse trouver aucun aide ni crédit pour travailler, parce qu'il n'a pas de bien au soleil à offrir en garantie; il faudrait que sa moralité lui serve à quelque chose.

Il ne faut pas davantage qu'on puisse encore venir nous dire que notre année sociale a vu se consommer au moins *cinq mille suicides.*

Que le nombre de ceux qui perdent la raison augmente chaque année dans une proportion effrayante, et que ceux qui cherchent dans l'ivresse l'oubli de leurs tourments et de leurs soucis deviennent de plus en plus nombreux, ce qui indique évidemment que la société souffre et souffre beaucoup.

Car il faut comprendre qu'une partie seulement des désespérés en arrive à ces extrémités.

Il faudrait encore que les secours aux malheureux estropiés qui ne peuvent travailler, soient organisés de manière à ce qu'ils ne soient pas obligés, pour vivre, de tendre la main le long des chemins, ce qui déplaît à celui qui donne en humiliant celui qui reçoit.

Et puis, pourquoi ce mépris des pauvres? Pourquoi ce dédain pour la misère? En vérité, si vous aviez encore un restant de pudeur, ils vous feraient honte plutôt que pitié, à vous, qui avez l'abondance; car si vous aviez véritablement du cœur, vous sentiriez que ces hommes sont vos semblables, qu'il n'y a que l'habit et un peu d'instruction qui diffèrent. Vous devriez sentir que vous, qui possédez le superflu, avez plus que votre part de bien-être social, et que, devant Dieu, ils ont autant de droits pour réclamer la leur (je ne veux pas dire au nom du communisme, mais bien au nom du droit divin).

Qu'ont-ils donc fait, ces hommes, pour avoir mérité un pareil châtiment, et souvent à perpétuité? Eh bien! ils n'ont le plus souvent fait que subir la loi des plus forts, contre lesquels ils n'étaient pas capables de lutter. Eh bien! est-ce une raison? Devant vous, oui, peut-être; mais, devant Dieu, vous-mêmes pensez que non, j'en suis convaincu.

Je sais bien que plusieurs d'entre vous, beaux parleurs,

sauront bien dire que cette vile multitude, cette fripouille, comme certains l'appellent, n'a toujours que ce qu'elle mérite, qu'elle a tous les vices et eux toutes les vertus ; mais en vérité, que sont-ils donc, pour oser ainsi leur jeter la première pierre ? toujours haro sur le baudet. Mais sachez donc, messeigneurs, qu'il est bien plus facile à un riche d'être honnête homme qu'à celui qui manque de tout, et, qu'en fait de vices, le pauvre n'aura jamais le moyen d'en avoir un assortiment aussi complet que les privilégiés. Ne nous inclinons donc plus devant le riche comme devant l'Ane chargé de reliques, et arrivons enfin à n'estimer un homme que lorsque nous aurons appris qu'il est honnête, et comptons enfin l'honnêteté pour quelque chose.

Que ceux qui sont chargés des destinées sociales veuillent bien comprendre qu'ils doivent faire plus pour les malheureux qu'ils ne font pour les heureux.

Qu'ils prennent un peu modèle sur le bon Pasteur, qui n'a de souci que pour ses brebis égarées ou malades, et alors ces haines mortelles, cette soif de vengeance et ces malédictions cesseront comme par enchantement. « Une femme criminelle est une fleur sur laquelle on a marché, » dit un sage. Ayez, au contraire, un peu de soin pour ces faibles battus par la tourmente. Venez à leur aide et à leur secours, et vous en ferez des hommes comme les autres. Nous ne voulons pas dire de leur donner des secours privés, oh ! non, mais veillez avec sollicitude à ce que les forts et les habiles ne puissent pas continuer de les écraser.

Non, ne laissez plus faire de malheureux, et cette vile multitude redeviendra bientôt d'honnêtes travailleurs.

Enfin, tâchons aussi, de notre côté, à ne pas continuer plus longtemps à trafiquer aussi de nos sentiments les plus intimes. Laissons-nous aller dans nos unions à des sentiments moins matériels, et nous obtiendrons aussi un peu plus de bonheur dans notre intérieur. Sachons faire de notre compagne une amie dévouée au lieu d'une ennemie. Tâchons, pour en arriver là, de secouer une bonne fois ce sordide intérêt, que nous faisons passer partout en première ligne, et nous aurons enfin gagné quelque chose sur notre ennemi commun, les mauvais génies.

Aussi, que de petits actes comico-tragiques, dont nous pourrions jouir et nous réjouir, s'il nous était possible de soulever un coin de tous les couvercles de ces petites boîtes, qu'on appelle les ménages. Que de leçons pour les jeunes, que de soufflets pour les vieux, quel imbroglio pour les philosophes et quelle danse pour Satan !...

Une chose toutefois me surprend ; je pense que c'est oubli, je vais le réparer. Comment les unions riches ne sont-elles pas encore cotées à la Bourse, puisqu'on ne marie guère que les sacs maintenant ? Mais enfin, puisqu'il ne faut désespérer de rien, il suffira peut-être d'en avoir donné l'idée pour que bientôt elle soit mise en pratique.

Si cependant un jour les plaintes, les soupirs et les lamentations des malheureux venaient à former un concert si formidable, que le bruit finisse par troubler la paix des cieux, et si Dieu, las de ce concert éternel contre la soif de l'or venait encore une fois charger Jésus Christ de ramasser son fouet pour balayer aussi le temple de la Bourse de tous ses parasites inutiles, et si tous les spéculateurs et les joueurs, ne trouvant plus preneur à leur agio, en étaient réduits à venir en aide au travailleur intelligent ! Oh ! que toutes ces impossibilités seraient heureuses !

Malheur et damnation, dirait Satan ; tout est perdu ; les hommes sont capables de revenir à la raison, et de ne compter les floueurs et les monteurs de coups que pour ce qu'ils valent. Fatalité ! Je te maudis ! Le Temple du Veau d'or est désert ! Notre haine nous échappe !! et les mortels vont pouvoir maintenant se rendre heureux !!!...

. . . .

Mais ce jour-là arrivera-t-il jamais ?...

..... Pas avant qu'Astrée ne soit redescendue sur la terre et n'ait repris sa place, dont les légions infernales se sont emparées.

IV

Eh bien, républicains honnêtes, qui faites partie de ce petit groupe de sages sur lequel Satan n'eut pas de prise lorsqu'il envahit la terre avec ses légions.

Espérez-vous qu'il soit possible de faire accepter sincèrement aux hommes cette admirable devise de Liberté, Égalité, Fraternité, ou bien ne commencez-vous pas à craindre comme nous qu'elle ne serve jamais à autre chose qu'à parader sur les édifices publics, sans autre espèce d'utilité?

Réfléchissez un peu que vous avez deux légions à combattre : la légion des habiles, qui est contre vous, et la légion des stupides, qui n'est pas avec vous.

Au contraire, nous en sommes arrivés aujourd'hui à nous mépriser tous cordialement les uns les autres. Les uns parce qu'ils ont à se plaindre des habiles, des endormeurs et des faiseurs de pauvres, qui les ont trompés, exploités, dupés et ruinés, et ne cherchent que l'occasion de se venger de ceux qui les ont brisés; et les autres, parce qu'ils ne voient qu'un ennemi dans celui qui crie vengeance.

État déplorable qui ne pourra cesser que lorsque nous serons moins emportés sur notre intérêt personnel et que nous pourrons enfin rompre franchement avec l'ignoble devise de : Chacun pour soi.

Nous ne voulons pas dire cependant qu'il faut pousser le désintéressement jusqu'à l'indifférence, jusqu'à la communauté, car une société bien organisée exige impérieusement qu'on ait chacun ses intérêts distincts; mais il faut de toute nécessité être beaucoup moins égoïstes si nous voulons véritablement améliorer le sort des malheureux.

Cependant, qu'il est noble et beau, ce sentiment généreux qui nous porte naturellement à nous aimer les uns les autres; quel bonheur on ressent en soi-même lorsqu'on a soulagé une misère; quelle satisfaction on trouve encore lorsqu'on a rendu un service à son prochain; combien on se sent grand dans sa propre estime, lorsqu'après une bonne action on voit un devoir accompli!

Mais malheureusement, combien est petit le nombre de ceux qui sont accessibles à ces douces impressions.

Et combien sont nombreux, au contraire, ceux qui ne les comprennent pas, et auxquels il faut encore ajouter tous ceux qui ne ressentent que des sentiments contraires.

Oui, croyez-moi, républicains socialistes, la bêtise humaine a de bien profondes racines.

Cependant, si vous vous sentiez assez forts pour affronter tous ces obstacles et vous livrer avec ardeur à ce travail d'Hercule, votre tâche n'en serait que plus noble et plus méritoire.

Ne prétendez pas toutefois faire passer tous les hommes sous le même niveau ; renoncez pour toujours à ce titre de République universelle, qui est matériellement impossible. Et ne demandez que des républicains confédérés, parce que les hommes et les intérêts du Nord ne sont pas les mêmes que ceux du Centre, qui diffèrent eux-mêmes des hommes vifs et passionnés du Midi.

V

Maintenant que nous avons accompli le programme que nous nous étions tracé, nous vous dirons encore notre sentiment sur le moyen de constituer une république durable.

Nous pensons intimement qu'un gouvernement républicain ne peut pas avoir de stabilité ni d'avenir avec un président, parce que notre fragile cerveau humain n'est pas capable de supporter bien des jours le fardeau d'une centralisation gouvernementale sans être bientôt débordé.

Il faudrait de toute nécessité avoir recours à des ministres responsables et révocables lorsqu'ils auraient démérité.

Que ces ministres ne soient nommés ou révoqués que par la Chambre des représentants du pays, qui, à leur tour, seraient l'expression vraie du suffrage universel, et exiger pour tout vote au moins les *deux tiers* des voix.

En exclure soigneusement les femmes qui ont une part plus noble et plus élevée que de gouverner des peuples ; leur mission est bien plus belle dans les soins du foyer domestique qu'elle ne le sera jamais dans n'importe qu'elle position gouvernementale.

La femme, née pour plaire et attirer les regards des hommes, ne doit pas s'effleurer ni se profaner au contact des choses matérielles, auxquelles elle ne comprend rien ; elle ne sait se servir que de l'intrigue, qui est la part faite à son sexe, et elle cherche toujours à la mêler à tout ce qu'elle touche.

Toutefois, comprenez bien que le nom d'un gouvernement, quelque soit ce nom, ne peut pas faire qu'il dure plus ou moins longtemps. Qu'il soit monarchique ou républicain, il sera toujours chancelant si ses institutions ne donnent pas le bien-être au plus grand nombre, et cela malgré l'augmentation de sa police, chargée de maintenir le flot montant des mécontents. Qu'il sache, au contraire, prévenir les besoins de ses sujets, et personne ne désirera le changer.

C'est à lui à suivre tous les caprices de ce fleuve, qu'on peut appeler état social, en lui creusant son lit au lieu de continuellement chercher à lui opposer des digues ou des barrages, qu'il finit toujours par emporter ou briser.

Cherchons donc, au contraire, si, entre cet idéal parfumé et impossible de l'âge d'or et le grossier et brutal *Chacun pour soi*, il n'y a pas un vide immense, dans lequel on pourrait établir solidement une société nouvelle, à l'entrée de laquelle on déposerait toutes ses haines et ses rancunes en se faisant de larges concessions réciproques, qui pourraient donner à chacun la part de bien-être qu'il est en droit de réclamer pendant les quelques instants qu'il passe sur cette terre.

. . . .

Mais Satan, qui préfère toujours le règne de l'arbitraire et de la violence à celui de la raison, le permettrait-il?.....

. . . .

Et pourtant Dieu envoie ses moissons aux petits comme aux grands.

CONCLUSION

Convaincu comme nous le sommes que tout ce que nous disons n'amènera aucun changement dans notre triste condition sociale, nous pourrions conséquemment nous dispenser de toute conclusion. Cependant, comme notre ouvrage serait incomplet sans cela, nous allons tâcher de résumer, en quelques mots, quel doit être notre *avenir social*, si jamais nous consentons à nous amender.

Il faut une main de fer, diront les violents. Non, il faut de bonnes lois, diront nos éternels légistes. Non, c'est dans de bonnes institutions, diront les sages. Non, c'est dans un bon gouvernement, diront à leur tour ceux-là qui n'ont pas une idée à eux. Non, c'est dans un prince sage qui n'aura que des qualités et pas de défauts, diront les purs. Vous n'y êtes pas, diront les cléricaux et les légitimistes : l'avenir social est dans une foi religieuse contemplative et dans une soumission passive, absolue. A quoi d'autres répondront que notre avenir social est, au contraire, dans le socialisme, qui, pourtant, n'est pas eucore assez avancé pour les communistes, etc., etc. C'est-à-dire un véritable accord parfait, qui, ainsi qu'on le sait, est composé de notes différentes.

Eh bien ! nous, nous vous dirons que notre avenir social n'est que dans un peu de tout cela, pourvu que chacun trouve sa place. L'avenir social est dans cette devise, qui a cependant un grand tort pour beaucoup, et ce tort c'est d'être républicaine :

Liberté, Egalité, Fraternité, Solidarité.

Nous ne voulons pas dire toutefois qu'il faut aujourd'hui même en arriver là. Oh ! non : nous voulons dire simplement que, si nous désirons faire quelque chose pour notre bonheur commun, il faudrait que ce soit cette devise qui nous serve de guide pour établir un avenir durable.

Évidemment, le jour où il y aura entre nous un peu de *solidarité* et de *fraternité*, avec un peu d'*égalité*, personne ne songera plus à prendre la place de son voisin.

Avec de l'égalité, les haines disparaissent; et, par la solidarité et la fraternité, l'union s'établit, c'est-à-dire la paix et l'amitié.

Voici le vrai chemin qui peut améliorer notre condition sociale d'une manière durable, si jamais nous voulons le bonheur de tous.

Tout cela, diront les forts, est très-bien sur le papier ou au théâtre, mais comment le rendre pratique ? A quoi nous répondrons, conformément à ce que nous avons dit tout le long des chapitres précédents, que nous ne disons là que notre sentiment, avec la ferme conviction de ne trouver et de ne soulever que des contradictions.

Vouloir le bien ? ah ! fi donc ! laissons cela aux innocents; mais pour nous, qui sommes tout, nous dirons, aujourd'hui comme hier : *Vive ce qui est!*

Cependant, puisque nous n'avons pris la plume que pour faire part de nos réflexions sans jamais espérer mériter l'approbation du monde, nous sommes obligé alors de poursuivre jusqu'au bout la tâche que nous nous sommes imposée.

Étant bien convaincu que tout n'est pas pour le mieux dans notre société, chacun doit alors proposer ce qu'il croira de plus apte à modifier cet état de choses, pour le rendre meilleur, sans avoir toutefois la prétention d'en arriver à ce que tous soient riches, car alors il n'y en aurait plus. Non, nous devons seulement demander qu'il n'y ait plus de malheureux en tant que misère.

Commençons alors par admettre que, devant Dieu, chacun

de nous, en passant sur cette terre, a droit au nécessaire, à condition qu'il consentira à se dévouer au bonheur commun.

Nous pensons que cela est assez modeste et assez simple pour que personne n'y trouve à redire. Eh bien ! partons de là, et voyons ce qu'on pourrait faire pour atteindre ce but.

Sans nous étendre infiniment, et dans des détails secondaires que nous ne chercherons même pas, nous allons seulement poser, comme fondement, le commencement de cette grosse question, qui, selon nous, pourrait être le seul moyen de la résoudre.

Ce serait qu'il ne soit pas permis aux gros capitalistes de posséder des terres qu'ils ne feraient pas valoir, pour qu'elles soient remises aux travailleurs sans occupation qui encombrent les villes, et cela à des conditions réglées en conséquence.

Afin que ces travailleurs qui demandent aux villes un salaire qui ne vient pas, pour pouvoir acheter ce qu'il faut chaque jour pour leur subsistance, se mettent à demander à la terre directement leur alimentation de chaque jour, cultivant tous les coins et tous les recoins incultes, et alors ils auront toujours sous la main une abondance qu'il ne leur est pas possible de se procurer régulièrement dans les villes, où il faut toujours avoir l'argent à la main, pour acheter depuis le premier fruit jusqu'au dernier légume. La terre, au contraire, est une bonne mère, qui nous donne continuellement des produits de toutes sortes, au lieu que rien n'est plus capricieux que le salaire, et sans salaire le travailleur manque de tout.

Il faudrait donc, par ces seuls moyens, en arriver à supprimer tous les bureaux de bienfaisance, toutes les sociétés de secours plus ou moins mutuelles, et que chacun travaille davantage à la terre.

Les produits de la terre, eux ne vous manqueront pas. Et pensez-y, et prenez-y garde, les mains d'œuvres des mille et un objets que nous fabriquons pour l'exportation ne répondront pas toujours à notre fabrication. Chaque pays travaille plus ou moins aujourd'hui, et apprend chaque jour à se passer de son voisin, jusqu'à ce qu'on en soit réduit à ne plus trouver à l'échange que les produits spéciaux à chaque climat;

alors, il faudra bien, de toute nécessité, en revenir à faire produire la terre, pour qu'elle nourrisse tous ses enfants.

Qu'à cet effet il soit établi dans chaque mairie un bureau spécial, où l'offre du travail et la demande soient régulièrement inscrits pour ceux qui resteront à la ville, et que tous ceux qui n'y auront pas leur place soient absolument envoyés aux colonies des campagnes pour s'utiliser aux travaux des champs, dans lesquels ils doivent pouvoir se nourrir facilement sans jamais les secourir par des aumônes, qui sont dégradantes, et ne doivent jamais être indéfinies, excepté seulement, pour un secours passager. Puis, que dans chaque commune, il y ait une bibliothèque pour s'instruire, et un parc pour se promener les jours de repos.

Mais surtout ayons soin, au lieu de faire des malheureux, de les rechercher soigneusement, pour les rendre à la vie commune, comme faisait le bon pasteur avec ses brebis, et alors, toutes les haines cesseront comme par enchantement.

Voilà, selon nous, de quel côté coule le fleuve social; à vous de voir maintenant si vous voulez le suivre.

Les capitalistes auxquels on ne permettrait pas la possession de terres autres que celles qu'ils voudraient bien exploiter eux-mêmes auront une assez belle part dans les biens des villes et actions de toutes sortes, pour qu'ils ne puissent pas se trouver lèses par cette combinaison.

Mais, pensons bien et toujours, qu'il est nécessaire de supprimer les malheureux, et même jusqu'à leur nom, si cela est possible.

Et c'est par ce seul moyen que la devise républicaine deviendra plus que des mots.

LE SOLEIL LUIT POUR TOUT LE MONDE.

FIN

www.ingramcontent.com/pod-product-compliance
Lightning Source LLC
Chambersburg PA
CBHW051616060726
47597CB00004B/1315